Béatriz Job - Bernard Mis - Anne-Marie Pissavy

# COMMENT DIRE?

## grammaire simplifiée

illustrations : François Poullain
maquette et couverture : Claudine Pizon

## CLE INTERNATIONAL

# Introduction

Cet ouvrage s'adresse à tous ceux qui apprennent le français et qui souhaitent consolider leurs connaissances grammaticales. La classification des chapitres s'appuie sur les besoins d'expression les plus courants :
- principaux grands actes de parole
  (comment poser des questions, nier, donner des ordres);
- principales notions
  (le lieu, le temps, les rapports temporels);
- marques propres au sujet qui parle
  (comment déterminer, qualifier, mettre en valeur)

et sur les opérations de transformation que la langue comporte :
- remplacement,
- liaison
  (comment éviter des répétitions et indiquer les rapports logiques entre les phrases).

Chaque chapitre comporte deux parties. La première – formes et fonctionnement général – présente une schématisation du phénomène étudié qui permettra à l'apprenant de mémoriser les formes grammaticales et de comprendre leur organisation et leur fonctionnement. La deuxième – difficultés – propose une série d'explications et de précisions pour éviter les confusions et mieux dominer les problèmes de détail*.

Deux index – l'un regroupant les difficultés, l'autre contenant les catégories grammaticales traditionnelles – rendent possible l'utilisation de l'ouvrage en tant qu'objet de référence, que l'on consulte en fonction d'un problème précis.

Pour terminer, il faut dire que cette « grammaire simplifiée », comme son nom l'indique, ne se prétend pas exhaustive et que le principal souci des auteurs a été d'offrir à l'apprenant un outil maniable et simple qui tout en lui rendant service suscite en lui, pourquoi pas, le plaisir de découvrir le système de la langue française.

* Le signe ▲ indique un degré supérieur de difficulté.

3

# 1. Comment poser des questions

## FORMES ET FONCTIONNEMENT GÉNÉRAL

Bien connaître le fonctionnement de l'interrogation est indispensable pour participer à un dialogue.

☐ **Quand on attend une réponse par « oui » ou « non »**

La question porte sur toute la phrase.
Deux possibilités :

**1. l'intonation ascendante (    ) = ......?**

**2. est-ce que ...?**

☐ **Quand on demande une information**

**1. si la réponse est brève**

\* Des prépositions peuvent précéder ces mots interrogatifs :
   – *A quoi* tu penses?
   – *Depuis quand* tu ne vas pas en classe?

\*\* On peut renforcer l'interrogation avec **EST-CE QUE ...**
   – *Quand est-ce qu'*il est arrivé?

4

**2. si la réponse consiste en toute une explication**

☐ **Quand on demande un complément d'information**

**1. la question porte sur un élément connu qu'on répète**

**2. la question porte sur un élément connu qui n'est pas répété**

\* Des prépositions peuvent précéder le mot interrogatif :
– *Par quelle* porte il est sorti?
– *De quels* amis il parlait?

# DIFFICULTÉS

## 1. DIFFÉRENCES ÉCRIT/ORAL

| A L'ORAL | A L'ÉCRIT |
|---|---|
| ◆ intonation <br> – Tu viens? <br> ◆ emploi de « Est-ce que? » <br> – Est-ce que le facteur est passé? <br> ◆ emploi de termes interrogatifs <br> – Qui est là? <br> ◆ emploi de termes interrogatifs <br> + « Est-ce que » <br> – Quand est-ce qu'il est arrivé? | ◇ inversion du pronom sujet <br> pronom seul <br> – Était-il sincère? <br> pronom qui renforce le sujet <br> – L'inspecteur avait-il bien compris? <br> ◇ emploi de termes interrogatifs + inversion <br> – Que dirait-il pour expliquer les faits? <br> – Comment le commissaire avait-il pu découvrir la vérité? |

L'inversion est employée à l'oral quand le ton est formel.
Il existe des expressions courantes avec inversion :
- **Comment** *allez-vous*? – **Où** *vas-tu*? – **Quelle heure** *est-il*?

## 2. QU'EST-CE QUE ...?/QU'EST-CE QUI ...?

Aux termes interrogatifs QUI? et QUE? (plus fréquemment QUE) on peut ajouter EST-CE QUI? ou EST-CE QUE ...? selon les cas.

| | | | | |
|---|---|---|---|---|
| *Quelqu'un* frappe .......... | *qui* | est-ce | *qui* | frappe? |
| Tu aimes *quelqu'un* ......... | *qui* | est-ce | *que* | tu aimes? |
| *Quelque chose* est arrivé ..... | *qu'* | est-ce | *qui* | est arrivé? |
| Tu veux *quelque chose*....... | *qu'* | est-ce | *que* | tu veux? |
| | 1 | | 2 | |

<br>

|  |  |  |  |
|---|---|---|---|
| Quelqu'un → **QUI** | | (Sujet) Quelqu'un Quelque chose | = **QUI**...? |
| | **EST-CE** | | |
| Quelque chose → **QU'** **(QUE)** | | (Objet) Quelqu'un Quelque chose | = **QUE**...? |

6

## 3. ... EST-CE QUE ...

La particule EST-CE QUE renforce l'interrogation.
Elle est utilisée surtout après QUAND? et OÙ?
- **Mais quand *est-ce que* tu comprendras?**
- **Où *est-ce que* j'ai bien pu le mettre ?**

## 4. PLACE DES MOTS INTERROGATIFS

En général en début de phrase. Quelquefois précédés d'une préposition.
- **Combien** ça coûte? - **Par où** est-il passé pour aller en Allemagne?

Dans des conversations familières, ils peuvent être en fin de phrase.
- **Tu veux manger *quoi*? - Il s'appelle *comment*?**

## 5. QUOI? - COMMENT?

S'emploient seuls quand il s'agit de faire répéter ce qui a été dit.

## 6. N'EST-CE PAS?

On l'emploie quand on attend une confirmation.
- **Vous viendrez, *n'est-ce pas*, cher ami?**

Dans le langage familier :

## 7. OUI / SI

Quand la question est à la forme négative, la réponse affirmative est toujours SI.
- **Vous *ne* connaissez *pas* l'assassin?**

- Non, je ne sais pas qui c'est.
- *Si*, je sais qui c'est.

## 8. L'INTERROGATION INDIRECTE

Quand on demande une information, quand on attend une réponse ou une explication, on peut utiliser des formulations qui ne sont pas directement interrogatives.
- *Je me demande quand tu vas te décider.*

# 2. Comment refuser, nier

## LA NÉGATION

### FORMES ET FONCTIONNEMENT GÉNÉRAL

Pour répondre négativement à une question...

☐ **Par un seul mot**

(ou d'autres réponses négatives courtes, voir Diff. 8)

☐ **Par une phrase négative**

Dans une phrase négative :
– la négation est toujours marquée
   par DEUX termes
– le second terme dépend :
• du type de question
• de l'élément sur lequel
   porte la négation

| SI LA NÉGATION PORTE SUR | (QUESTION POSSIBLE) | ON EMPLOIE |
|---|---|---|
| une phrase complète | ? | ne ... pas |
| un objet ou autre | quelque chose?<br>un ... / une ...? | ... rien<br>... aucun / aucune |
| une personne | quelqu'un?<br>un ... / une ...? | ... personne<br>... aucun / aucune |
| le temps | toujours / parfois?<br>encore? | ... jamais<br>... plus |
| le lieu | où / partout / quelque part? | ... nulle part |
| 2 éléments quelconques | ceci? cela? | ... pas de<br>... ni ... ni ... |

– Marie *ne* trouve *pas* son sac de sport.
– Il *ne* dira *rien*.
– Tes livres! Il *n'*en lira *aucun*.
– Ici, il *ne* pleut *jamais*.

– Bertrand *ne* fume *plus*.
– Ce chemin *ne* va *nulle part*.
– Il *ne* prend *ni* thé *ni* café.

DU WHISKY, DU PORTO?

NON, PAS D'ALCOOL, MERCI.

* Si la négation marque seulement une restriction

NE ... QUE     – Frédéric *n'*a remis *que* deux devoirs.

* Certaines négations, « ne ... plus », « ne ... que »,
nient et complètent l'information :
  – Bertrand *ne* fume *plus* = Bertrand ne fume pas maintenant,
                                        il fumait autrefois
  – Frédéric *n'*a remis *que* deux devoirs = Frédéric a remis deux devoirs,
                                        il n'en a pas remis davantage.

# DIFFICULTÉS

## *1. PLACE DES TERMES DE LA NÉGATION*

|     |     |     |
| --- | --- | --- |
| **NE** | | **PAS** |
| | + verbe + | **RIEN** |
| **N'** | | **JAMAIS** |
| | | **...** |

☐ **Avec les temps composés,
deux possibilités :**

| **NE + AUXILIAIRE + 2ᵉ TERME + PART. PASSÉ** | **NE + AUXILIAIRE + PART. PASSÉ + 2ᵉ TERME** |
| --- | --- |
| ne ... pas<br>ne ... jamais<br>ne ... plus<br>ne ... rien | <br><br>ne ... aucun<br>ne ... personne<br>ne ... nulle part<br>ne ... que |

☐ **« Jamais », au début de la phrase,
marque l'insistance**

   – Julie ne m'avait *jamais* parlé sur ce ton.

## 2. TERMES NÉGATIFS SUJETS

RIEN, PERSONNE, AUCUN..., AUCUNE..., NI ... NI ...
peuvent être sujets de la phrase négative.

| | |
|---|---|
| Rien<br>Personne<br>Aucun ...<br>Ni ... Ni ... | + **ne** + verbe |

## 3. AVANT UN INFINITIF

Lorsque la négation porte sur un infinitif...

| |
|---|
| **Ne** + **2ᵉ terme négatif** + verbe |

## 4. APRÈS PRÉPOSITION

Lorsque le verbe demande une préposition, le 2ᵉ terme de la négation se situe après la préposition, même avec un temps composé.
- Je n'ai *rien* mangé.
- Ça n'a servi *à rien*.

## 5. ABSENCE D'UN DES TERMES DE LA NÉGATION

☐ **Absence de « ne » :**

Phénomène généralisé à l'oral :

Dans les phrases sans verbe :
- **Pas de dessert pour les enfants désobéissants !**
- **Plus de sortie sans autorisation des parents !**

☐ **Absence du 2ᵉ terme négatif :**
Cette absence est très exceptionnelle (formes archaïques ou forte modalisation) :
- **Je ne cesse de vous le dire.**
- **Je ne saurais vous l'avouer sans rougir.**

## 6. « NE » SANS VALEUR NÉGATIVE

Certaines expressions sont suivies d'un **« ne »** (appelé explétif) qui n'est pas une négation. Cet emploi est peu fréquent à l'oral.

> – *Il est à craindre que* la police *n'*intervienne.
> – *J'ai peur qu'*elle *ne* se lasse.

## 7. COMBINAISONS DE TERMES NÉGATIFS

☐ **Lorsque la négation porte sur plusieurs éléments de la phrase, le 2ᵉ terme négatif peut être une combinaison de divers termes.**

On peut combiner :

| PLUS | { RIEN<br>JAMAIS<br>PERSONNE<br>QUE<br>AUCUN...<br>NULLE PART<br>NI / NI |
|---|---|

| JAMAIS | { PLUS<br>RIEN<br>PERSONNE<br>AUCUN...<br>NULLE PART<br>NI / NI |
|---|---|

☐ **Certaines combinaisons avec « que » appartiennent au langage oral**

☐ **« Rien » et « personne » peuvent se combiner avec « d'autre » et « d'autre que ».**

> – Il y avait des coffres chez l'antiquaire, je n'ai *rien* trouvé *d'autre*.
>   Je n'ai *rien* trouvé *d'autre que* des coffres chez l'antiquaire.
> – Pierre était là, je n'ai vu *personne d'autre*.
>   Je n'ai vu *personne d'autre que* Pierre.

## 8. AUTRES COMBINAISONS POSSIBLES

On peut ajouter d'autres éléments pour renforcer ou nuancer la négation.

| | |
|---|---|
| pas | encore<br>toujours |
| pas<br>plus | souvent<br>tellement |
| pas<br>plus<br>rien | du tout |

| | |
|---|---|
| même | pas<br>plus |
| presque<br>absolument<br>... | pas<br>plus<br>rien<br>personne<br>jamais |

– Je n'ai *pas encore* lu le livre que tu m'as offert.
– Je n'ai *presque plus* le temps de lire.
– Je n'ai *absolument rien* lu depuis quelque temps.
– Il ne me reste *plus du tout* de fruits.

## 9. RÉPONSES NÉGATIVES BRÈVES

Généralement la réponse négative brève est « NON »;
mais on peut trouver aussi :

    – **Tu as trouvé quelque chose?**    – *Absolument rien.*
    – **Vous avez déjà pris l'avion?**    – *Non, jamais.*

Autres réponses négatives :
    **pas question, jamais de la vie, pas le moins du monde...**

13

Expression négative qui correspond à « aussi ».

On peut employer « non plus » dans une phrase négative, après le 2<sup>e</sup> terme de la négation :

« NI / NI » porte sur deux éléments grammaticalement semblables.
- Elle n'était *ni* laide *ni* jolie.
- *Ni* Damien *ni* Muriel n'ont écrit à Mamie.
- Je n'irai travailler *ni* aujourd'hui *ni* demain.

Emploi de « ni » seul :
* après une phrase négative complète :
- Je *ne* me suis jamais soucié de lui, *ni* de ses histoires.
* pour remplacer « et sans » :
- Il s'est retrouvé sans argent *ni* amis (= et sans amis).

## 12. « NON » ET SES COMBINÉS

« NON », « NON ... PAS », « NON ... QUE », établissent une opposition et permettent de réfuter une explication ou une supposition erronée.

  – **Il lui a fait cette remarque** *non* **pour le vexer, mais pour lui exprimer son désaccord.**

« NON SEULEMENT ... MAIS » établit un parallèle entre deux éléments complémentaires.
  – **Ce soir-là, en rentrant, il ressentait** *non seulement* **la fatigue,**
    *mais* **un profond désespoir.**

A l'oral, on utilise dans ce cas : « PAS » ou « PAS SEULEMENT ».

## 13. « IL N'Y A QU'À »

Cette formule impersonnelle a un sens affirmatif. Elle propose une explication ou une solution.

  – **Il n'a pas aimé du tout ;** *il n'y a qu'à* **voir la tête qu'il faisait**
    (→ pour s'en rendre compte).

Il existe une autre variante de cette expression, la construction personnelle :
« N'AVOIR QU'À »...

Le verbe avoir se conjugue alors à la personne correspondante.

  – **S'il n'y a pas assez de place,** *vous n'avez qu'à* **changer de salle**
    (→ pour avoir de la place).

(Voir aussi le chapitre suivant : tableau de fonctionnement et §4.)

# 3. Comment exprimer l'ordre, la nécessité, le souhait, la crainte

## L'OBLIGATION

### FORMES ET FONCTIONNEMENT GÉNÉRAL

Les formes de l'obligation sont multiples.
Elles traduisent le fait de placer quelqu'un devant l'obligation de faire quelque chose.

Obligation imposée
par quelqu'un d'extérieur

Nécessité
imposée par
des circonstances extérieures

Obligation ressentie par
quelqu'un en fonction
de ses nécessités, désirs ou craintes.

## Différentes constructions :

| MODE IMPÉRATIF | 2e pers. sing. et pluriel | 1re pers. plur. |
|---|---|---|

| FORMES IMPERSONNELLES | | FORMES CONJUGUÉES | |
|---|---|---|---|
| défense<br>prière<br>il est interdit | **de + inf.** | devoir | **+ inf.** |
| il faut | **+ inf.**<br>**que + subj.** | demander<br>prier   de | **+ inf** |
| il est   nécessaire<br>urgent<br>indispensable<br>souhaitable | **de + inf.**<br>**que + subj.** | être obligé de<br><br>avoir ....... à | **+ inf.**<br><br>**+ inf.** |
| il est à craindre | **que + subj.** | n'avoir qu'à<br>avoir besoin de<br>avoir envie de | **+ inf.**<br>**+ inf.**<br>**+ inf.** |
| c'est à ......... | **de + inf.** | | |
| il n'y a qu'à | **+ inf.** | vouloir<br>souhaiter<br>aimer<br>désirer | **+ inf.**<br><br>**que + subj.** |
| | | avoir peur | **de + inf.**<br>**que + subj.** |

*Entrez! Asseyez-vous! Servez-vous! Ouvre* la **fenêtre!**
*Allons-*y tout de suite!
*Il est urgent qu'*on paye nos dettes.
*C'est* plutôt *à toi de* demander des excuses!
*Je suis obligé de* partir maintenant.
*Il avait* toujours *peur de* faire des bêtises.

# DIFFICULTÉS

## 1. L'IMPÉRATIF ET SES ÉQUIVALENTS

PASSE-MOI LE SEL !

– **Dépêchez-vous !**
– **Prenez vos affaires et partez !**
– **Allons tous à la manifestation !**

A la première personne du pluriel, l'impératif a un sens d'exhortation. (Voir aussi, chap. 10, Diff. §9.)

Sauf quelques expressions courantes d'invitation comme :

– **Asseyez-vous !**      – **Servez-vous !**
– **Entrez !**            – **Allez-y !...**

L'impératif est senti comme une forme autoritaire et souvent on préfère employer d'autres expressions grammaticales qui expriment l'ordre.

☐ **Présent, futur, futur proche (2ᵉ personne de l'indicatif)**
éventuellement suivis de : « s'il te plaît » ou « s'il vous plaît ».

TU ME PASSES LE SEL, S'IL TE PLAÎT ?

– **Tu *peux me passer* le sel ?**
– **En rentrant de l'école, tu *prendras* le pain.**
– **Avant de partir, vous *éteindrez* la lumière.**

Selon le cas, la même expression peut être ressentie comme impérative :
– **Tu vas te lever, prendre tes affaires et sortir de classe immédiatement.**
ou simplement explicative :
– **Vous allez prendre la première rue à droite et tourner tout de suite à gauche.**

☐ **Verbes du type DEMANDER PRIER + DE + infinitif**

– *Je vous prie de quitter la salle.*
– *Je vous demande de faire le moins de bruit possible.*
A l'écrit, dans une corrrespondance officielle, on emploie :
– *Je vous prie d'agréer l'expression de mes salutations distinguées.*
– *Je vous serais reconnaissant de bien vouloir...*

☐ **Formes impersonnelles du type écriteaux, affiches...**

DÉFENSE DE FUMER DANS LA SALLE

– *Prière de frapper avant d'entrer.*
– *Il est interdit de se pencher au dehors.*

18

## 2. IL FAUT / DEVOIR

« Il faut » marque toujours une obligation.
« Devoir » peut indiquer une obligation, une supposition ou une opinion.

☐ **IL FAUT** $\left\{\begin{array}{l}\textbf{que + 2}^{\textbf{e}} \textbf{ personne + subjonctif}\\ \textbf{infinitif}\end{array}\right.$

• Équivalent d'un impératif.
 – *Il faut* **que tu écrives à ton père !**
 – *Il faut* **respecter les droits des enfants.**

• Exprimant une nécessité imposée par les circonstances.
 – **Il y a grève du métro :** *il faut* **prendre la voiture.**
 – *Il faut* **qu'il réussisse cette année, c'est sa dernière chance.**

Il existe des formes conjuguées de « IL FAUT » :
au passé pour rappeler une obligation passée,
 – *Il fallait* **faire très attention ce jour-là : on avait annoncé des risques d'avalanches.**

au futur pour annoncer une obligation à venir,
 – *Il faudra* **qu'ils déménagent parce que le propriétaire a besoin de l'appartement.**
 – *Il va falloir...*

au conditionnel pour exprimer une nécessité ou un conseil,
 – *Il faudrait* **qu'on se dépêche.**

au conditionnel passé pour exprimer un reproche,
 – *Il aurait fallu* **que tu travailles un peu plus.**

☐ **DEVOIR, conjugué aux temps de l'indicatif :**
peut exprimer

• une obligation :
 – **A combien je *dois* affranchir cette enveloppe ?**
 – **J'*ai dû* laisser la première place.**

• une supposition :
 – **Elle *a dû* être retardée au bureau.**

• un engagement déjà pris :
 – **En principe, je *dois* prendre l'avion de huit heures.**
 – **On *devait* se rencontrer devant l'arrêt du bus.**

• un reproche :
 – **Ça fait plus d'un mois que tu *dois* écrire à ton père.**

\* **Le conditionnel simple de** DEVOIR

peut exprimer :

• le conseil, la suggestion :
  – **Tu** *devrais* **repeindre ta chambre.**

• quelque chose de prévisible :
  – **Il ne** *devrait* **pas tarder à arriver.**
  – **Mon député** *devrait* **être réélu sans difficultés.**

\* **Le conditionnel passé de devoir exprime toujours une obligation** passée :
  – **Il** *aurait dû* **m'avertir plus tôt.**
  – **J'***aurais dû* **m'en douter.**

☐ **Autres formes exprimant l'obligation :**

formes impersonnelles :
  – *Il est nécessaire de* **faire réviser régulièrement les conduites de gaz.**
  – *Il est urgent qu'***on paye nos dettes.**
  – *Il est indispensable de* **présenter un papier d'identité.**
  – *C'est* **plutôt** *à toi de* **demander des excuses.**

formes conjuguées :
  – *Je suis obligé de* **partir maintenant.**
  – *Il est obligé de* **vous dire la vérité.**
  – *J'ai* **beaucoup de choses** *à faire* **ce soir.**
  – *Il aura* **encore un examen à présenter pour obtenir son diplôme.**
  – *Tu ferais mieux de* **te taire.**

### 3. FORMES IMPERSONNELLES

| Agent de l'obligation non identifié | Agent de l'obligation identifié |
|---|---|
| il faut<br>il vaut mieux **+ inf.** | il faut<br>**+ que + subj.** |
| défense / prière<br>il est interdit<br>il est nécessaire **+ de + inf.**<br>il est urgent<br>il est indispensable | il est nécessaire<br>il est urgent<br>il est indispensable<br>il est à craindre<br>il vaut mieux |

\* Agent identifié : c'est à ... + de + inf.

## 4. FORMES CONJUGUÉES

| Agent de l'obligation = le sujet du verbe | Agent de l'obligation ≠ sujet du verbe |
|---|---|
| devoir<br>vouloir<br>souhaiter  + inf.<br>aimer<br>désirer | vouloir<br>souhaiter<br>aimer  + que + subj.<br>désirer |
| être obligé  + de + inf. | |
| | prier  + de + inf.<br>demander |

Ces constructions peuvent être employées à la place d'un impératif atténué (au conditionnel et suivies de la 2ᵉ personne).

    – *J'aimerais* que tu fasses ton lit tous les matins.

NOTE : Le français actuel tend à employer le subjonctif présent après la construction QUE + SUBJ., quel que soit le temps des formes conjuguées ou impersonnelles.

# 5. CONSTRUCTIONS AVEC « AVOIR »

| FORMES CONJUGUÉES | | |
|---|---|---|
| L'agent de l'obligation est le sujet de verbe { | avoir   à<br>n'avoir   qu'à | **+ inf.** (pour exprimer l'obligation) |
| FORME IMPERSONNELLE | | |
| Agent de l'obligation non identifié { | il n'y a   qu'à | **+ inf.** (pour proposer des solutions) |

J'AI BEAUCOUP DE CHOSES À FAIRE CE SOIR.

IL N'Y A QU'À TOUT LAISSER ICI.

TU N'AS QU'À DEMANDER À PAUL DE T'AIDER !

| L'agent = sujet { | avoir besoin<br>avoir peur<br>avoir envie | **inf.**<br>**de +** ou<br>**subst.** | avoir besoin<br>avoir peur<br>avoir envie | **que + subj.** | } L'agent ≠ sujet |
|---|---|---|---|---|---|

J'AI ENVIE DE MANGER...

LES GAULOIS AVAIENT PEUR QUE LE CIEL NE LEUR TOMBE SUR LA TÊTE

J'AI ENVIE D'UN BON CAFÉ ET D'UN CROISSANT...

## 6. LES APPELLATIFS

On ne s'adresse pas à tout le monde de la même manière.

□ **Une simple interjection, éventuellement suivie d'un pronom.**

- *Eh*! Vous n'avez pas vu le feu rouge?
- *Eh, vous*! Ramassez ce papier!


□ **Un impératif plus ou moins nuancé :**

- *Dites donc*, vous me prenez pour un imbécile!
- *Dites-moi*, vous ne seriez pas un peu amoureux d'elle?


□ **Un nom éventuellement précédé ou suivi d'un qualifiant :**

- *Julien*, j'ai un service à vous demander.
- Je ne suis pas d'accord, *chère Sylvie*.
- J'ai besoin que tu me donnes un coup de main, *mon vieux*.
- Bien, *monsieur le directeur*; oui, *monsieur le directeur*.

# 4. Comment définir, quantifier

## LES DÉTERMINANTS

### FORMES ET FONCTIONNEMENT GÉNÉRAL

En français, les substantifs sont précédés d'un déterminant (article, possessif, démonstratif, numéral, ...).

☐ **Identité connue**

|  | DÉTERMINATION | APPARTENANCE | LOCALISATION |
|---|---|---|---|
| SINGULIER | LE    LA<br>L' | SON    SA<br>(MON / TON) (MA / TA)<br>LEUR<br>(NOTRE / VOTRE) | CE    CETTE<br>CET |
| PLURIEL | LES | SES<br>(MES / TES)<br>LEURS<br>(NOS / VOS) | CES |

LE, LA, LES rappellent toujours une définition plus complète :
  – *le* **livre (dont on parlait)...**
  – *la* **chemise (de Pierre)...**
  – *les* **clés (qui sont sur la table)...**

Pour préciser l'appartenance :
  – **la chemise de Pierre** → *sa* **chemise.**

Pour préciser la localisation :
  – **les clés qui sont sur la table** → *ces* **clés.**

ET ALORS JE LUI DONNE LE LIVRE ET IL ME DIT...

JE REPASSAIS MA CHEMISE QUAND...

PASSE-MOI CES CLÉS !

## ☐ Identité non définie

• Devant des substantifs dénombrables (qu'on peut compter).

| SINGULIER | | CHAQUE TOUT(E) | UN UNE |
|---|---|---|---|
| PLURIEL | DES | PLUSIEURS QUELQUES CERTAIN(E)S | DEUX TROIS QUATRE... |

CHAQUE FOIS QUE J'APPELLE, CE N'EST PAS LIBRE.

Aussi : PEU DE..., BEAUCOUP DE..., ASSEZ DE..., TROP DE...

- J'ai peur de faire *trop de* fautes.
- *Beaucoup de* jeunes refusent de se marier.
- On leur a offert *des* livres.
- Je voudrais *plusieurs* choses.

IL MANQUE ENCORE DEUX OU TROIS CHAISES

• Avant des substantifs non dénombrables (qu'on ne peut pas compter).

```
            DU /
            DE LA

     (2, 3, 4, ...)
       LITRES      }  DE
       KILOS
        ...

   PEU DE          ASSEZ DE
   BEAUCOUP DE     TROP DE
```

JE TE SERS DU VIN OU DE LA BIÈRE ?

- Il a acheté *deux litres de* lait.
- Il faut *beaucoup de* courage.

## DIFFICULTÉS

### 1. GENRE ET NOMBRE

☐ **Les déterminants définissent le genre et le nombre
des substantifs qu'ils accompagnent.**

| DEVANT UN NOM | COMMENÇANT PAR | |
|---|---|---|
| masc. sing. | une consonne | **LE, CE** |
| fém. sing. | | **LA, CETTE** |
| masc. sing. | une voyelle | **L', CET** |
| fém. sing. | une voyelle | **L', CETTE** |
| masc. et fém. pluriel | une consonne ou une voyelle | **LES, CES** |

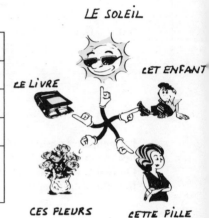

LE SOLEIL

CET ENFANT

LE LIVRE

CES FLEURS

CETTE FILLE

☐ **Dans le cas de l'appartenance, les déterminants marquent :**

1 LE NOMBRE DES POSSESSEURS   2 LE GENRE ET LE NOMBRE DE L'OBJET POSSÉDÉ

| | | |
|---|---|---|
| 1 possesseur | masculin singulier | **SON** |
| | féminin singulier | **SA (+ CONSONNE) SON (+ VOYELLE)** |
| | masc. / fém. pluriel | **SES** |
| 2 possesseurs ou plus | masc. / fém. singulier | **LEUR** |
| | masc. / fém. pluriel | **LEURS** |

SA MAISON          SES MAISONS          LEUR MAISON          LEURS MAISONS

## 2. CONTRACTIONS

| | |
|---|---|
| à + le → AU | de + le → DU |
| à + les → AUX | de + les → DES |

Il n'y a pas contraction pour « À L' », « À LA », ni pour « DE L' », « DE LA ».

- J'irai *au* marché et *à la* poste.
- On a offert des livres *à l'*instituteur et *aux* élèves.
- Tu ne veux pas connaître le diagnostic *du* médecin?
- Tu connais l'association *des* amis *de la* marche à pied?

## 3. EXPRESSION DE LA QUANTITÉ + DE

On dit : DU vin        DE LA farine        DES gâteaux

mais après une expression indiquant une quantité précise – même nulle – on emploie DE.

BEAUCOUP DE vin          TROP DE gâteaux          UNE BOITE DE gâteaux
PEU DE farine            ASSEZ DE vin             il n'y a PAS DE vin
TROIS LITRES DE vin      UN SAC DE farine         il n'y a PLUS DE gâteaux
DEUX KILOS DE farine

JE VOUDRAIS UN PEU D'EAU.

## 4. UN / LE + AUTRES DÉTERMINANTS

| certain ... | | tout + le ... |
|---|---|---|
| un + peu ... | une + certaine ... | toute + la ... |
| des ... | des ... | tous + les ... |
| | | toutes + les ... |

- *Tous les* élèves de 6e iront en classe de neige.
- J'ai rencontré *un certain* Dupont qui te connaît.
- *Un des* amis de mon frère m'a téléphoné.
- Comment! Tu as bu *tout le* vin!

□ **TRÈS** – **marque une intensification de caractère général.**

□ **TROP** – **marque une idée d'excès**
  (par rapport à un implicite qui peut être
  exprimé : « pour... »).
  – **La gare n'est pas très loin d'ici, mais c'est peut-être**
    *trop* **loin** *pour* **y aller à pied.**
  – **Fais attention, tu bois** *trop* **d'alcool!**

□ **ASSEZ** – **marque une idée de quantité suffisante**
(par rapport à un implicite qui peut être exprimé : « pour »).

| | |
|---|---|
| TROP DE<br>          + substantif<br>ASSEZ DE | ⎡ TRÈS<br>⎢ TROP  + qualifiant<br>⎢ ASSEZ<br>⎣ (voir chap. 6, p. 42) ⎤ |

(TRÈS est suivi de substantifs dans
  des cas très particuliers :
  *très faim, très soif, très froid*)

□ **PEU DE / UN PEU DE**

| PEU DE + singulier non dénombrable<br>pluriel dénombrable<br>(toujours restrictif) | UN PEU DE + singulier<br>non dénombrable<br>(non restrictif) |
|---|---|

– Il restait *peu d'*eau dans le barrage; il était presque à sec.
– J'ai *un peu de* temps maintenant, nous pourrons bavarder.

## ☐ Combinaisons possibles

| | |
|---|---|
| TRÈS PEU | ~~TRÈS BEAUCOUP~~ |
| TROP PEU | BEAUCOUP TROP |
| ASSEZ PEU | ~~ASSEZ BEAUCOUP~~ |
| UN PEU | ~~UN BEAUCOUP~~ |

- Il y avait *très peu de* brouillard.
- Je fume *assez peu.*

## 6. EXPRESSION DE L'APPARTENANCE

L'appartenance peut être exprimée de plusieurs façons :

## ☐ par un seul terme
- un nom : PROPRIÉTAIRE, POSSESSEUR
- un verbe : POSSÉDER / AVOIR..., APPARTENIR À / ÊTRE À...
- un déterminant : LE / LA / LES... DE / DU / DE LA... SON / SA / SES / LEUR...
- un pronom : LE SIEN / LA SIENNE / LES SIENS / LES SIENNES
- la préposition : CHEZ (localisation ; voir chap. 7, diff. 3, p. 49)

- Frank est *propriétaire* d'une maison.
- Frank *possède (a)* une maison au bord de la route.
- Cette maison *appartient (est)* à Frank.
  → *C'est la* maison *de* Frank.
    → *C'est celle de* Frank.
      → *C'est la* sienne (voir chap. 10, diff. 12).

- *La* maison *de* Frank est au bord de la route.
  → *Sa* maison est au bord de la route.

## ☐ par la combinaison de divers termes

| | | |
|---|---|---|
| LE<br>LA<br>LES | + | DE<br>DU<br>DE LA<br>DES |

| | | |
|---|---|---|
| LE<br>LA<br>LES | + | D'UN<br>D'UNE<br>DES |

- *Le* chapeau *de la* directrice.
- *Le* chapeau *d'une* amie.

▲ La détermination demande obligatoirement l'emploi de LE / LA / LES.

29

On ne peut pas dire : un ~~chapeau d'une~~ amie.
Mais on peut dire :

- *Un* chapeau *appartenant à* une amie.
- *Un des* chapeaux *d'une* amie.

Si DE est suivi d'un terme générique, toutes les combinaisons sont possibles :
- *les* feuilles *de* vigne.
- *une* feuille *de* marronnier.
- *un* coup *de* pied.
- *des* fraises *des* bois.
- *des* dents *de* loup.


## Pour les parties du corps

S'il n'y a pas d'ambiguïté sur l'appartenance, on n'emploie pas le possessif.
- **Il s'est lavé *les* mains, puis s'est fait *les* ongles, sans même tourner *la* tête.**

(Ici l'appartenance est exprimée par « s' » ; il s'est lavé les mains.)

# 5. Comment indiquer, mettre en valeur

## LES PRÉSENTATIFS

### FORMES ET FONCTIONNEMENT GÉNÉRAL

Les présentatifs servent à introduire, à présenter ou à mettre en relief des personnes, des objets ou des faits.

| | |
|---|---|
| **VOILÀ**<br>**VOICI** | Pierre<br>un jardin / mon jardin<br>le jardin de Pierre |
| **C'EST** | Pierre / lui<br>un jardinier<br>le jardin de Pierre<br>bon / bien<br>ici/ aujourd'hui<br>... |
| **CE SONT** | des enfants<br>les clés de Pierre<br>eux<br>... |
| **IL Y A** | Pierre<br>un enfant<br>des enfants<br>les enfants de Pierre<br>... |
| **(IL EST...**<br>**IL EXISTE)** | un pays / des pays<br>... |

VOICI et VOILÀ sont invariables. Les autres présentatifs, comme les formes verbales, peuvent être conjugués à tous les modes ; ils peuvent être employés à la forme négative ou interrogative.

- *Il était* une fois un pays...
- *Il existe* bien encore un lieu où...
- *Il y aurait* beaucoup de choses à dire.
- *Il est* dommage que ce ne *soit* pas lui le gagnant.
- *Y a-t-il* encore des candidats ?
- *Ce n'étaient* pas mes amis.

## ☐ Constructions simples

   – LES VOICI!     – ET VOILÀ!     – C'EST BON!     – IL EST TARD!

## ☐ Constructions avec pronoms

| VOILÀ<br>IL Y A<br>IL EST<br>IL EXISTE<br>C'EST<br>CE SONT | + (dét.) substantif +<br>(ou pronom) | qui<br>que<br>où<br>dont<br>prép. + relatif |
|---|---|---|

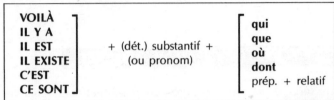

– *Il existe* des pays *où* il n'y a pas de liberté.
– *Ce sont* les élèves *qui* me l'ont appris.
– *Il y a* quelqu'un *qui* a été lésé dans cette affaire.
– *C'est moi qui* ai voulu vous connaître.
– *Voilà* la solution *à laquelle* j'avais pensé.

| CE + | qui<br>que<br>dont<br>prép. + **quoi** | . . . . . . . . . . . . | C'EST . . . . . . . . . .<br>CE SONT . . . . . . . |
|---|---|---|---|

– *Ce qui* est inadmissible,
  *c'est* de les voir se moquer de nous.

| CELUI<br>CELLE<br>CEUX<br>CELLES | + | qui<br>que<br>dont<br>prép. + rel. | . . . . . . . . . C'EST . . . . . . . . . .<br>. . . . . . . CE SONT . . . . . . . |
|---|---|---|---|

– *Celle que* je connais, *c'est* sa sœur.
(Voir aussi chap 11, diff. 6.)

## ☐ Constructions avec expressions de temps

> **VOILÀ**
> **IL Y A**    + expr. du temps (durée) + **QUE** . . . . . . . . . .
> **CELA FAIT**

- *Cela fait* dix ans *qu'*ils se connaissent.
- *Voilà* trois jours *que* je ne le vois pas.
- *Il y a* longtemps *que* Jérôme a déménagé.

(Voir le chapitre 2 pour l'emploi des pronoms relatifs.
Voir le chapitre 8 pour la localisation dans le temps.)


## DIFFICULTÉS

### 1. VOICI, VOILÀ

Lorsqu'ils sont en opposition
VOICI désigne en principe quelque chose de rapproché.
VOILÀ quelque chose de plus éloigné.
Sinon, on utilise de plus en plus VOILÀ indifféremment (voir ici/là chapitre 7, diff. 4).

**VOICI et VOILÀ peuvent se construire**

## ☐ avec des substantifs

ET VOILÀ MON POISSON ROUGE.

VOICI MA TORTUE.

## ☐ avec des pronoms personnels

me, te, nous, vous
le, la, les (dans ce cas le pronom
se place obligatoirement
devant le présentatif).

ME VOICI.

LA VOILÀ.

▲ Il existe une construction littéraire avec **voici** + infinitif + sujet
- *Voici* venir le temps des cerises.

## 2. AUTRES CONSTRUCTIONS AVEC « C'EST »

| C'EST + | déterminant + substantif pronom | + | LE/LA... LE/LA PLUS... LE/LA MOINS... |
|---|---|---|---|

– *C'est* elle *la plus* jolie des trois.
– *C'est* cette épicerie *la moins* chère de la ville.
– *C'est* vous le directeur ?

| C'EST + | prép. + (dét.) substantif pronom là alors à ce moment-là ainsi | + QUE |
|---|---|---|

– *C'est à la caisse qu'*il faut vous adresser.
– *C'est alors qu'*il est arrivé.
– *C'est à ce moment-là qu'*il est intervenu.
– *C'est ainsi que* les hommes vivent.

## 3. TOURNURES EXPLICATIVES

| C'EST | pour cela pour cette raison | QUE |
|---|---|---|

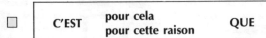

– Ses enfants faisaient des études en Angleterre, *c'est pour cette raison qu'*il a tenu à déménager lui aussi.
– Il n'a tenu aucune de ses promesses, *c'est pour cela que* je me suis fâchée.

□ **C'EST POURQUOI...**

Introduit une conclusion
à des faits déjà énoncés.

*C'EST POURQUOI MESDAMES ET MESSIEURS.*

*JE PORTE UN TOAST À LA RÉUSSITE DE NOTRE ENTREPRISE.*

□ **SI** ........... **C'EST**     **PARCE QUE**
                                       **QUE**

*SI JE SUIS VENUE, C'EST PARCE QUE TU AVAIS BESOIN DE MOI.*

Dans cette construction, le SI introduit un fait précis
et C'EST PARCE QUE ou C'EST QUE la justification
ou l'explication de ce fait.
Dans le cas d'une simple réponse le fait introduit par SI n'est pas toujours exprimé.

- **Vous prendrez du café?**
- **Non,** *c'est que* **le soir, je ne le supporte pas (si je ne prends pas de café, c'est que le soir...).**


## 4. CONSTRUCTIONS IMPERSONNELLES

□ **IL EST**

**Il** ne représente ni une personne, ni un objet concret : l'accord en genre et en nombre n'est pas observé.

□ **IL EST** + adj. + **DE** + inf.
    – *Il est agréable de* **faire une promenade matinale.**

*IL EST CINQ HEURES !*

*IL EST MIDI ?*

□ **IL EST** + adj. + **QUE** + indicatif
                                    subjonctif
    – *Il est dommage que* **ce ne soit pas lui le gagnant.**

Ces structures sont à rapprocher de :

IL SEMBLE QUE
IL PARAÎT QUE
IL ME SEMBLE QUE

*IL EST VRAI QUE CE N'EST ENCORE QU'UN ENFANT ET ...*

*QU'IL N'EST PAS RESPONSABLE.*

□ **A l'oral on remplace souvent** *il est* **par C'EST ou ÇA**

- *C'est* **agréable de se promener le matin.**
- *C'est* **dommage que ce ne soit pas lui le gagnant.**
- *Ça* **me semble curieux qu'il ne soit pas encore là.**
- *Ça* **ne me dit rien de sortir à cette heure-ci.**

## 5. CE / CELA / ÇA

CE        – Trois emplois à ne pas confondre :

• **CE** + substantif → déterminant démonstratif (voir chapitre 4).

• **CE** + **ÊTRE** → présentatif.

   – *Ce sont* **mes parents.**

• **CE** + **relatif** → présentatif (construction avec pronoms).
   – *Ce qui* **est formidable, c'est son insouciance.**

ÇA, CELA

ÇA est la forme réduite de CELA
ÇA = forme fréquente à l'oral – CELA = forme soutenue.

☐ **Quand l'agent ou la chose dont on parle n'est pas clairement identifié**
   – **Ça bout! Éteins vite le gaz!**
   – **Tout ce bruit pour ça!**

☐ **Devant les verbes POUVOIR et DEVOIR suivis d'un infinitif**
   – *Cela* **doit être très difficile.**
   – *Ça* **doit être très difficile.**

☐ **Pour renforcer un autre présentatif**
   – **Ça, ce n'est pas vrai!**
   – **Ça, c'est vrai!**
   – **Ça, ça marche bien.**

## 6. CONFUSIONS ENTRE « C'EST » ET « IL EST »

C'est un. . . . . . . . . . . . . . . . . . . / Il est. . . . . . . . . . . . . . . . . . .
C'est une. . . . . . . . . . . . . . . . / Elle est . . . . . . . . . . . . . . . . .
Ce sont des . . . . . . . . . . . . . / Ils/Elles sont . . . . . . . . . . . .

☐ **C'est un ingénieur**    **Il est ingénieur**

C'est un étranger    Il est étranger
C'est une Allemande    Elle est allemande
Ce sont des musiciens    Ils sont musiciens

La construction « ~~Il est un~~ » est impossible.

☐ **Pour présenter une personne par son nom,**
   on utilisera obligatoirement C'EST

## 7. ACCORDS ET CONCORDANCES

☐ **Construction simple**

C'EST est souvent invariable

   – *C'est* nous.
   – *C'est* vous.

Mais ATTENTION :    – *Ce sont* eux.
                    – *Ce sont* mes parents.

NOTE : l'usage tend à remplacer à l'oral « ce sont » par « c'est »

                    – C'est eux.
                    – C'est mes parents.

☐ **Construction avec pronoms**

Le verbe se conjugue obligatoirement à la personne représentée.
   – C'est *moi* qui *suis...*
   – C'est *vous* qui *avez...*
   – C'est *Olivier* qui *a dit* ça.

**Le temps de « c'est » peut varier :**

• Quand on parle au présent.

• Dans un récit.

   – Georges comprit à ce moment-là
      que *c'était* Isabelle qui avait prévenu la police.

# 6. Comment qualifier, apporter des précisions

## LES QUALIFIANTS

### FORMES ET FONCTIONNEMENT GÉNÉRAL

Les qualifiants ajoutent des précisions, nuancent, complètent certains éléments, mais ne sont pas indispensables à la construction de la phrase (contrairement aux déterminants). Leur utilisation dépend directement des opinions et des sentiments de celui qui parle.

| Heureusement | | | un spectacle |
| --- | --- | --- | --- |
| | | tu verras | un spectacle **intéressant** |
| | | | un **beau** spectacle |
| | | | un spectacle **extraordinairement beau** |
| | | | un spectacle **très étudié** |
| | | | un **drôle de** spectacle |
| Avec un peu de chance | | | un spectacle de **qualité** |
| | | | un spectacle **sans égal** |
| | | | un spectacle **à grande mise en scène** |
| **Évidemment** | il réussira | | |
| | il réussira **difficilement** | son examen | |
| | il réussira **probablement** | | |
| | il réussira **sans doute** | | |
| je peux voir | | le paysage | |
| je peux **bien** voir | | | |
| je peux **difficilement** voir | | | |
| je peux **très difficilement** voir | | | |

☐ **Les qualifiants qui portent sur un substantif** (adjectifs qualificatifs) s'accordent en genre et en nombre avec celui-ci :

- Un *grand* garçon.
- Une *petite* fille.
- Des enfants *bruyants*.
- Des maisons *blanches*.
- J'ai vu des livres *intéressants*.
- J'ai vu de *beaux* livres.

ELLE EST GENTILLE

☐ **Les qualifiants qui portent sur des éléments autres que des substantifs** (adverbes de manière) sont invariables :
- Il mange *difficilement* depuis sa maladie.
- Le tableau est *extraordinairement* bien réussi.

ELLE N'EST PAS VENUE, MALHEUREUSEMENT

☐ **Comme qualifiants de certains éléments de la phrase ou de toute la phrase**, on peut trouver des mots (adjectifs ou adverbes), des groupes de mots (introduits par des prépositions) ou des phrases relatives :
- Un spectacle *de qualité* vous sera offert.
- Tu regarderas le film *à ton aise*.
- L'homme *qui a les cheveux blancs* est son frère.

## DIFFICULTÉS

### 1. PLACE DES ADJECTIFS

Ils se placent généralement après le substantif.
Dans une phrase avec le verbe ÊTRE (ou SEMBLER, PARAÎTRE...), après le verbe :
- J'ai vu des livres *intéressants*.
- Elle est *gentille*.

Certains adjectifs, parmi les plus courants et courts, se placent avant le substantif LONG, GRAND, PETIT, GROS, BON, MAUVAIS, BEAU, JOLI, JEUNE, VIEUX, NOUVEAU, VRAI, FAUX, AUTRE, PREMIER, DERNIER, DEUXIÈME...
- Une *vieille* chanson.
- Un *joli petit* chien.
- Un *bon* film.

Il est possible de placer ces adjectifs après le substantif quand la qualité qu'on énonce est présentée comme étant originale ou particulière :
- Ce qui s'imposait, c'était un gouvernement *nouveau*.
- C'était un homme *gros*.

Il existe quelques adjectifs qui changent de sens quand ils changent de place :

Un *pauvre* homme.
(malheureux, qui fait pitié)

Un *grand* homme.
(un homme célèbre)

UN DRÔLE DE TYPE...

UN TYPE DRÔLE !

Un *drôle* de type.
(un type curieux)

Un homme *pauvre*.
(qui n'a pas d'argent)

Un homme *grand*.
(de grande taille)

Un type *drôle*.
(un type amusant)

## 2. PLACE DES ADVERBES

Elle dépend de l'élément sur lequel porte l'adverbe :

- Un adjectif = avant l'adjectif
  - **Cet enfant *très grand* que tu vois là-bas est son fils.**

- Un autre adverbe = avant l'adverbe
  - **Il a réussi *très brillamment*.**
  - **Il court *très vite*.**

- Un verbe = généralement après le verbe ou après les compléments du verbe
  - **Il traversait *lentement* la cour.**
  - **Il examina le dossier *consciencieusement*.**

- Toute la phrase = en tête ou en fin de phrase
  - **— *Malheureusement*, elle n'a pas pu venir à la réunion.**
  - **— Elle n'a pas pu venir à la réunion, *malheureusement*.**

Quand le qualifiant portant sur un verbe
est constitué par un groupe de mots, il
se place généralement en fin de phrase :
  - **Elle croquait la pomme *avec avidité*.**

Lorsque le verbe est conjugué à un temps composé,
les adverbes peuvent se placer :

- Soit entre l'auxiliaire et le participe passé
- Soit après le participe passé
  - **Les deux joueurs se sont regardés *méchamment*.**

Cependant certains adverbes, parmi les plus courants, se placent obligatoirement
entre l'auxiliaire et le participe passé, ou devant l'infinitif.
  - **Il a *mal* mangé.**
  - **Je peux *bien* voir le paysage.**
  - **Elle a *presque* fini son tableau.**

Enfin il existe quelques adverbes qui changent de sens lorsqu'ils changent de place :
  - **Pierre a *simplement* raconté une histoire.**
        (il n'a rien fait d'autre)
  - **Pierre a raconté *simplement* une histoire.**
        (il n'a raconté qu'une seule histoire)
  - **Pierre a raconté une histoire *simplement*.**
        (dans des termes simples, sans détour)

### 3. BON / BIEN

**BON qualifie un substantif**
**BIEN qualifie un verbe.**
– C'est un *bon* nageur / il nage *bien.*

### 4. LA COMPARAISON
☐ **Pour comparer deux éléments**
(personnes, objets, faits ou actions)

• En fonction du qualifiant :

> **Plus... que, moins... que, aussi... que,**

> – **Le tableau que j'ai vu ce matin est *plus beau que* celui que j'avais choisi.**
> – **Joël est *aussi têtu que* son frère.**
> – **Cette fois-ci, tu as dit bonjour *plus gentiment que* d'habitude.**
> – **Hier, Bernard a joué *moins habilement que* Michèle.**

Il existe pour certains qualifiants des formes spécifiques de comparatif.

| | |
|---|---|
| ~~plus + bon~~ | → **meilleur** |
| plus + mauvais | → **pire** |
| plus + mal | → **pire** |
| ~~plus + bien~~ | → **mieux** |

> – **Le temps était *pire* qu'on ne l'avait prévu.** (Le *NE,* dit explétif, n'a aucun sens négatif. Voir chap. 2, diff. 6.)
> – **Quand il a appris la nouvelle, il a *mieux* réagi que toi.**
> – **Jacques est *meilleur* joueur que Julien.**

• En fonction du substantif :

> **Le même... que, autant de... que, comme + pronom,**
> **différent de + pronom**

> – **Cette année on n'a pas vu *autant de* films *que* l'année dernière.**
> – **Sa démarche est *différente de* celle de son père.**
> – **J'aurais voulu avoir un chien *comme* le sien.**

41

• En fonction du verbe :

<table>
<tr><td>Plus... que, moins... que, autant... que, comme,</td></tr>
</table>

– Frédéric a mangé *autant que* son frère.
  (ou a *autant* mangé *que* son frère)
– Frédéric a mangé *moins que* son frère.
  (ou a *moins* mangé *que* son frère)
– Frédéric a mangé *comme* un ogre.

☐ **Pour exprimer le degré superlatif de la comparaison** (le deuxième terme de la comparaison est souvent implicite)

<table>
<tr><td>Le plus..., le moins...</td></tr>
</table>

– La Révolution de 1789 est l'événement *le plus marquant* de l'histoire de France.
– Le cas de ce malade était de loin *le moins inquiétant.*
– Essayez cet appareil, c'est *le meilleur* sur le marché.
– C'est lui qui a crié *le plus fort.*
– Il m'a remercié *le plus gentiment* du monde.

### 5. L'INTENSITÉ

On l'exprime par des adverbes qui portent soit sur des qualifiants, soit sur des verbes :

| | | |
|---|---|---|
| très<br>fort   + qualifiant<br>tout<br>si | peu<br>beaucoup<br>pas mal   + verbe<br>tant | assez<br>trop   + qualifiant<br>bien    ou verbe<br>tellement<br>. . . . . |

**Très** intelligent, **fort** utile, **tout** doucement, **si** aimable, **assez** belle, **tellement** bien. Avoir **trop** bu, **bien** parlé, **tellement** admiré, **tant** aimé, **beaucoup** souffert, **pas mal** bavardé.

(Pour l'emploi de « assez de, trop de, peu de, beaucoup de » + substantif : voir le chapitre 4, fonctionnement général et difficulté 4.)

42

## 6. LA COULEUR

Le qualifiant de couleur s'accorde en principe en genre et en nombre avec le substantif.

- **Une robe** *blanche.*
- **Des reflets** *dorés.*

Il reste invariable quand il est composé ou quand il dérive d'un substantif (généralement un nom de fruit, de légume ou de fleur).

- **Une veste** *vert clair.*
- **Des chemises** *orange.*

Mais certains substantifs, qui représentent habituellement une couleur, sont considérés comme des adjectifs et s'accordent avec le substantif qu'ils qualifient :

- **Des flamands** *roses.*
- **Des robes** *mauves.*

## 7. QUALIFIANTS AUTONOMES

Ce sont des substantifs, participes ou adjectifs – placés entre virgules à l'écrit – qui servent :

☐ **à interpeller quelqu'un en le qualifiant ou en qualifiant son action :**

- *Mon cher,* je ne sais pas si je pourrai vous aider. (Voir chap. 3, diff. 5.)

▲ ☐ **à décrire une personne ou un objet, en particulier quand on envisage le résultat d'une action, ou un changement intervenu après une action.**

- **La bête gisait,** *terrassée, inoffensive.*
- **Dix minutes plus tard, Jérôme marchait dans la rue,** *heureux et insouciant.*

Cette dernière construction est surtout littéraire, et donc assez exceptionnelle. Il est plus courant d'utiliser un adverbe.

- **Jérôme marchait** *tranquillement* **dans la rue.**

43

## 8. GROUPE QUALIFIANT DE QUALITÉ

Il est généralement introduit par **à** ou **de** quand il décrit un élément constitutif essentiel ; par **de** ou d'autres prépositions (avec...) quand il concerne des traits secondaires, des caractéristiques techniques.

– C'est un joli petit chien *au poil lustré* et *aux yeux vifs.*
– Je voudrais bien une machine à écrire *à boule.*
– C'est un chien *avec des taches* noires.
– Il s'était acheté une moto de 1 000 cm³, *à frein à disque.*

Si le groupe qualifiant de qualité décrit une attitude momentanée, il est construit sans préposition, et avec un simple déterminant.

– Il était là, *les bras ballants et le regard perdu.*

## 9. LES EXCLAMATIFS

L'exclamation peut être marquée par :

☐ **une intonation particulière ou un signe de ponctuation à l'écrit (« ! »)**

☐ **des interjections : oh! ô, ah!...**

44

☐ **COMME ou QUE (QU' devant une voyelle) + une phrase.**
  – *Comme* j'ai regretté son absence pendant les fêtes !
  – *Qu'*elle est belle dans sa robe à volants !

quel
quelle
quels       + qualifiant + substantif
quelles

  – Tu n'as pas vu le feu d'artifice ? *Quel* dommage !
  – *Quelle* histoire ! J'ai encore eu un accrochage, et avec une voiture qu'on m'avait prêtée !


☐ **certains qualifiants qui expriment la surprise, l'indignation ou l'admiration.**
  – *Drôle* de route ! Elle n'est plus entretenue depuis longtemps.
  – Il a eu une *sacrée* chance : il a écrit à Mireille Mathieu et elle lui a répondu aussitôt.
  – Il a pris *une de ces* cuites ! Je ne l'avais pas vu boire autant depuis longtemps.


☐ **un présentatif.**
  – *C'est* toi *qui* l'as voulu ! Tu n'as pas à te plaindre.
(Voir chapitre 5.)

# 7. Comment exprimer la localisation dans l'espace

## LE LIEU

### FORMES ET FONCTIONNEMENT GÉNÉRAL

Le lieu peut être

• précisé par un substantif : un pays, un magasin, une chambre...
• situé en fonction du lieu où se trouvent – ou se trouvaient – les personnes qui parlent.

### ☐ Quand on précise le lieu
(à titre d'exemple : verbe ÊTRE – localisation fixe –, ALLER – direction –)

| | | |
|---|---|---|
| **ÊTRE**<br><br>**ALLER** | **DEVANT**<br>**DERRIÈRE**<br>**SOUS**<br>**SUR** | la table, la chaise,... |
| | **ENTRE** | deux chaises... |
| | **PARMI** | la foule, les hommes.. |
| | **AU MILIEU DE** | la foule, la table... |
| | **À L'INTÉRIEUR DE** | la boîte... |
| | **AUPRÈS DE** | la blonde... |
| | **À CÔTÉ DE**<br>**EN FACE DE**<br>**LOIN DE**<br>**PRÈS DE** | la poste, la gare... |
| | **DANS** | la chambre... |
| | **À** | l'école, Madrid... |
| | **EN** | Espagne, montagne... |
| | **CHEZ** | l'épicier, des amis... |
| | **DU CÔTÉ DE**<br>**AUTOUR DE**<br>**VERS** | l'aéroport... |
| | **À TRAVERS** | champs... |
| | **PAR ...** | l'autoroute... |

## ☐ Quand le lieu dépend de la localisation des personnes qui parlent

**ÊTRE**
**ALLER**

ICI
LÀ
DEDANS
DEHORS
EN BAS
EN HAUT
CI-DESSOUS
LÀ-DESSUS
LÀ-BAS
PARTOUT
NULLE PART
AILLEURS
LOIN
TOUT PRÈS
AU-DELÀ...

## DIFFICULTÉS

### 1. EN – À – SUR – DANS

– Je vais *en* Afrique, et le mois prochain, *au* Brésil.
– Je préfère aller *en* montagne l'été, et à la mer, l'hiver.
– Il faut que j'aille *à* la gare à 5 heures et je ne flânerai pas *en* route.
– Il vit *en* banlieue, mais il travaille *à* Paris *dans* le 5e arrondissement.
– Je conduis mon fils *à* l'école et puis j'irai *à* la poste.
– Je le rencontre généralement *au* Quartier latin ou *sur* les Champs-Élysées.

On peut dire, de façon très générale, que de EN à DANS ces prépositions expriment, dans l'ordre, une localisation de plus en plus précise.

### ☐ Continents, pays, régions :

EN est généralement employé devant des pays ou régions de genre féminin.
**EN** France, **EN** Uruguay, **EN** Amérique, **EN** Provence, **EN** Normandie.

AU s'emploie devant des pays de genre masculin commençant par une consonne et devant des pays au pluriel.
**AU** Mexique, **AUX** États-Unis.

Pour les îles, l'emploi est très variable.
**AUX** Canaries, **A** Cuba, **EN** Corse.

☐ **Villes et lieux institutionnalisés**

A est généralement employé
*À* **Paris,** *À* **la gare,** *À* **la poste,** *À* **l'école.**

☐ **Lieux de passage**
Attention! On dit *DANS* **la rue,** *SUR* **l'avenue,** *SUR* **la place,** *SUR* **la route.**

☐ **Lieux dont on délimite l'intérieur**
*DANS* **le jardin,** *DANS* **le 5e arrondissement,** *DANS* **l'autobus.**

☐ **Moyens de transport collectifs**
Partir *EN* **avion,** *EN* **train,** *EN* **autobus,** *EN* **voiture.**

☐ **Moyens de transport individuels**
Partir *À* **cheval,** *À* **bicyclette,** *À* **pied.**

## 2. DANS / SUR

| | SUR |
|---|---|
| **DANS** | |

L'emploi de DANS et SUR répond à des nuances de surface (SUR) par opposition à la notion d'intériorité (voire de confort) exprimée par DANS.

- Il s'est regardé *dans* la glace, puis il s'est étendu *sur* le divan.
- Je passerais bien la soirée *sur* le balcon, mais *dans* un fauteuil plutôt que *sur* une chaise.

... *sur* une chaise.          ... *dans* un fauteuil.
- Il lisait *sur* son lit.

## 3. CHEZ

CHEZ exprime à la fois l'appartenance et la localisation.

### ☐ La maison de quelqu'un

VENEZ CHEZ MOI, SAMEDI !

### ☐ Le lieu d'exercice d'une profession
(quand on indique la personne recherchée)

Aller *chez* le médecin
         le coiffeur
         le dentiste
         le notaire

Aller *chez* le boulanger
         l'antiquaire

Mais : *au* salon de coiffure
      *au* cabinet de consultation
      *à* l'étude du notaire
      *à* la boulangerie
      *à* l'épicerie
      *au* magasin d'antiquités.

SI TU VAS CHEZ LE BOULANGER, ACHÈTE-MOI UNE TARTE AUX POIRES.

### ☐ L'entreprise où l'on travaille
  – *Chez* Renault, les employés sont en grève.

### ☐ L'œuvre d'un écrivain ou artiste
  – *Chez* Balzac, les personnages sont innombrables.

### ☐ La considération d'un cas particulier, individuel ou collectif
  – *Chez* Alain, la timidité est maladive.
  – Se sucer le pouce est une habitude répandue *chez* les enfants.

## 4. ICI / LÀ

L'opposition ICI/LÀ est souvent neutralisée. On emploie LÀ dans beaucoup de cas pour parler du lieu où l'on se trouve.
  – Je suis *là* pour la journée, nous aurons le temps de bavarder.
  – Je suis venu travailler *là* par hasard.
  – Aujourd'hui, Monique n'est pas *là*.

ICI s'oppose plus nettement à LÀ-BAS, PAR-LÀ.

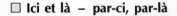

> – Restez ici. Vous irez *par là* plus tard.

## ☐ Ici et là – par-ci, par-là

Indétermination et généralisation de plusieurs lieux.
> – Il a travaillé *ici et là*, sans jamais se fixer.
> – Il a cherché du travail *par-ci, par-là*, sans jamais en trouver.

## 5. -CI / -LÀ

L'opposition ICI/LÀ peut retrouver son sens (proximité/éloignement) quand on emploie les particules -CI et -LÀ, devant ou derrière certains mots.
> – Tu as vu *ce tableau-ci?* – Non, *celui-ci,* je ne l'ai pas bien vu, mais j'ai beaucoup aimé *celui-là.*
> – Quels beaux tissus! A votre place je choisirais *celui-là,* ou *celui-ci!*

## ☐ -LÀ s'emploie souvent dans le passage au style indirect :

| | |
|---|---|
| aujourd'hui | ce jour-LÀ |
| ce matin | ce matin-LÀ |

## ☐ -LÀ sert aussi à établir une distance péjorative :
> – Je n'aime pas beaucoup ces manières-*là.*

## 6. DE – À PARTIR DE – DEPUIS – DÈS

DE exprime le lieu d'origine ou le point de départ
> – Il vient *de* Paris.
> – *De* Paris à Lyon, la route est facile.
> – *De* la tour Eiffel, on découvre tout Paris.

À PARTIR DE représente le point de départ, rappelant aussi l'espace à parcourir.
- ***A partir de* Lyon vous ressentirez la fatigue.**

DEPUIS représente le point de départ et l'espace parcouru.
- ***Depuis* Lyon, je n'ai fait aucun arrêt.**

## 7. Y – EN

Deux pronoms employés pour remplacer des lieux introduits par À ou par DE (voir chapitre 10).
- **Je vais *à* Madrid**      → **J'*y* vais.**
- **Je viens *de* Madrid**      → **J'*en* viens.**

\* Autres emplois de Y :
- **On *y* entre par la petite porte** (entrer dans...).
- **Toute la famille était réunie, *y* compris les enfants.**
- **Je n'*y* suis pour personne.**
    (= « je suis chez moi mais je ne veux recevoir personne »)
- **J'*y* suis !**
    (= « j'ai compris », « j'ai deviné »)

## 8. OÙ

OÙ s'emploie pour

☐ **poser des questions sur un lieu** (voir chap. 1).
☐ **introduire des précisions sur un lieu** (voir chap. 11).
- ***Où* vas-tu à cette heure-ci ?**
- **Elle a trouvé son sac là *où* elle l'avait laissé.**

JE NE SUIS JAMAIS RETOURNÉ A L'ENDROIT OÙ JE SUIS NÉ.

# 8. Comment exprimer la localisation dans le temps

## DATES, MOMENTS, DURÉES

## FORMES ET FONCTIONNEMENT GÉNÉRAL

### ☐ Une date

| SIÈCLE | ANNÉE | SAISON |
|---|---|---|
| **AU** XX<sup>e</sup> siècle | **EN** 1970 | **EN** { hiver été automne<br>**AU** printemps |

| MOIS | JOUR | HEURE |
|---|---|---|
| **EN** janvier<br>**EN** février<br>mars...<br><br>**AU** mois de janvier<br>... | **LE** 22 janvier<br><br>lundi, mardi<br>... | A 11 heures du matin<br>du soir |

- La Deuxième Guerre mondiale a éclaté *en 1939*.
- Jean-Pierre est né *le 22 janvier 1970*.
- Il est venu *lundi* à *3 heures*.
- *Le samedi* elle fait ses courses (avec l'article lorsque c'est une habitude).

52

## ☐ Un moment précis

A) ... par rapport au moment où l'on parle

| ← PASSÉ | ↓ | FUTUR → |
|---|---|---|
| L'ANNÉE DERNIÈRE ← | CETTE ANNÉE | → L'ANNÉE PROCHAINE |
| LE MOIS DERNIER ← | CE MOIS-CI | → LE MOIS PROCHAIN |
| LA SEMAINE DERNIÈRE ← | CETTE SEMAINE | → LA SEMAINE PROCHAINE |
| AVANT-HIER ← HIER ←<br>LUNDI, MARDI DERNIER, ... | AUJOURD'HUI | → DEMAIN → APRÈS-DEMAIN<br>LUNDI, MARDI PROCHAIN, ... |
| TOUT À L'HEURE ←<br>AUTREFOIS ↵ | MAINTENANT | → TOUT À L'HEURE<br>↳ BIENTÔT<br>↳ PLUS TARD |
| CETTE NUIT, CE MATIN ←<br>HIER MATIN /SOIR ↵ | EN CE MOMENT | → CE SOIR, CETTE NUIT<br>↳ DEMAIN MATIN/SOIR |

- **Nous irons faire du ski** *le mois prochain.*
- **Oui, il est là, il est arrivé** *tout à l'heure.*
- **Je ne peux pas le recevoir** *en ce moment,* **mais dites-lui que je m'occuperai** *bientôt*
  **de son affaire.**

B) ... par rapport à un moment dans le passé

| AVANT<br>← | ↓ | APRÈS<br>→ |
|---|---|---|
| | À CETTE ÉPOQUE-LÀ | |
| L'ANNÉE PRÉCÉDENTE ←<br>L'ANNÉE D'AVANT ← | CETTE ANNÉE-LÀ | → L'ANNÉE SUIVANTE<br>→ L'ANNÉE D'APRÈS |
| LE MOIS PRÉCÉDENT ←<br>LE MOIS D'AVANT ←<br>LA SEMAINE PRÉCÉDENTE ← | CE MOIS-LÀ<br><br>CETTE SEMAINE-LÀ | → LE MOIS SUIVANT<br>→ LE MOIS D'APRÈS<br>→ LA SEMAINE SUIVANTE<br>LA SEMAINE D'APRÈS |
| LA VEILLE ←<br>L'AVANT-VEILLE ← | CE JOUR-LÀ | → LE LENDEMAIN<br>→ LE SURLENDEMAIN |
| AVANT ←<br>AUPARAVANT ← | À CE MOMENT-LÀ<br>CE MATIN-LÀ<br>CE SOIR-LÀ | → APRÈS, PLUS TARD,<br>ENSUITE |

- *Ce soir-là* **il songeait à tout ce qu'il pourrait faire** *plus tard.*
- *La veille* **de ton arrivée, j'ai vu tes amis.**
- *Cette année-là* **il avait fallu reconstituer l'ensemble de stocks pour** *l'année suivante.*

## ☐ Une durée

### • sans point de repère

| | | |
|---|---|---|
| **en** | + 1, 2, 3, ... | ⌈ans<br>mois<br>jours<br>heures<br>...⌋ |
| **pendant**<br>**pour** | + ⌈ 1, 2, 3, ... | ⌈ans<br>mois<br>jours<br>...⌋ |
| | longtemps, quelque temps, peu de temps, ... | |
| **toute** | ⌈l'année<br>la journée<br>la soirée<br>la vie<br>...⌋ | |

## Pour indiquer la fréquence

| toujours<br>souvent<br>quelquefois<br>parfois<br>rarement<br>jamais | **tous** | ⌈les ans<br>les jours<br>les dimanches<br>les cinq ans<br>...⌋ | **toutes** | ⌈les semaines<br>les heures<br>les secondes<br>...⌋ |
|---|---|---|---|---|

– Je me suis *souvent* demandé si on pouvait faire ce voyage *en deux jours.*
– On n'a pas entendu le moindre bruit *pendant le* concert.
– Il voulait partir pour *un an,* mais finalement il a été absent *longtemps.*
– Elle jouait au tiercé *tous les dimanches.*
– Je viendrai te voir et nous bavarderons *toute la soirée.*

IL NE FAIT RIEN DE TOUTE LA JOURNÉE.

## • avec un point de repère

**A) ... par rapport au moment où l'on parle.**

Exemple :

> « 0 » = moment où je parle :
> 8 heures du soir
> j'attends mon mari dans un café
> je suis arrivée au café à 6 heures
> je vais partir du café à 9 heures.

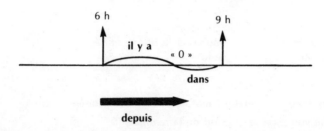

- Je suis arrivée *il y a* deux heures.
- J'attends mon mari *depuis* { 6 h du soir / deux heures
- *Il y a* deux heures *que* j'attends
- *Cela fait* deux heures *que* j'attends

- Je partirai *dans* une heure.
- Je partirai *d'ici* une heure.
- Je resterai *jusqu'à 9 h* du soir.

**B) ... par rapport à un moment dans le passé.**

Exemple précédent raconté plus tard :

> « 0 » = 8 heures du soir
> mon mari est arrivé au café

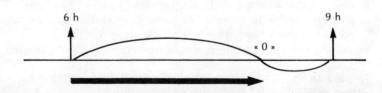

- J'attendais *depuis* { 6 h du soir / deux heures
- *Il y avait* deux heures *que* j'attendais
- *Cela faisait* deux heures *que* j'attendais
- Je comptais partir une heure *plus tard.*

... quand mon mari est enfin arrivé

### 1. AN / ANNÉE

AN – pour indiquer le nombre.
ANNÉE – pour insister sur la durée.

- Il a obtenu *un an* de congé de maladie.
- Il a passé *toute l'année* à l'hôpital.
- Il a connu *trois longues années* de captivité.

- Il aura *48 ans* le 15 avril.
- Il y a *cinq ans* que je ne l'ai pas vu.

Pour une date on rencontre, selon les cas :

    *l'an* dernier           souhaiter la bonne *année*
    *l'année* dernière      le jour de *l'an*.

On observe la même chose avec :

    jour / journée      matin / matinée      soir / soirée

- **Je passerai te voir dans le courant de la *matinée*.**
- **Nous avons passé une très bonne *soirée* ensemble.**

### 2. IL Y A / DEPUIS

IL Y A    se réfère à un fait passé – verbe au passé
        est suivi d'une quantité de temps (nombre de jours, d'heures...)
- Il a quitté Paris *il y a* trois ans.
- Je suis arrivée *il y a* deux heures.

DEPUIS    se réfère à une durée à partir d'un moment
        ... présent : verbe au présent (au passé composé à la forme négative)
        ... passé : verbe à l'imparfait (ou au plus-que-parfait)
        est suivi d'une quantité de temps, d'une date ou d'un substantif.

- J'attends mon mari *depuis* deux heures.
- Il t'attend *depuis* longtemps.
- Ils n'ont pas eu de nouvelles d'elle *depuis* son départ.
- Je ne suis pas allé au théâtre *depuis* trois mois.
- Je l'attendais *depuis* cinq minutes quand elle est arrivée.

IL Y A QUE... CELA FAIT QUE... – mêmes caractéristiques que DEPUIS.
                                – suivis d'une quantité de temps uniquement.

> – *Il y a* trois ans *que* j'habite ici.
> – *Ça fait* longtemps *qu'*on n'a pas fêté Noël ensemble.

(DEPUIS QUE... voir diff. 3 et 5.)

## 3. RELATION ENTRE DEUX FAITS

### ☐ Simultanéité

QUAND..., LORSQUE..., AU MOMENT OÙ..., PENDANT QUE..., COMME..., ...

> – Un inspecteur l'a abordé *au moment où* il prenait l'avion pour Hong-Kong.
> – *Lorsqu'*il comprit son erreur, il rougit.
> – Il est passé *quand* tu n'étais pas là.
> – *Pendant que* tu te prépares, je sors la voiture.
> – *Comme* il s'apprêtait à sortir, le téléphone sonna.

### ☐ Antériorité

AVANT QUE..., JUSQU'À CE QUE..., EN ATTENDANT QUE..., ...

> – Tu devrais répéter ton rôle *jusqu'à ce que* tu le saches par cœur.
> – J'irai chercher le médecin *avant qu'*il ne soit trop tard.

### ☐ Postériorité

APRÈS QUE..., DEPUIS QUE..., DÈS QUE..., UNE FOIS QUE..., ...

> – *Depuis qu'*elle connaît cet acteur de cinéma, elle ne fait plus attention à moi.
> – *Une fois qu'*il eut terminé son discours, il descendit de l'estrade.
> – *Dès que* tu auras pris une décision, tu m'appelleras.

(Voir aussi diff. 5.)

## 4. AVANT / APRÈS

### ☐ seuls

| A L'ORAL | A L'ÉCRIT |
|----------|-----------|
| AVANT | AUPARAVANT, D'ABORD |
| APRÈS | ENSUITE, PUIS, PLUS TARD |

– Laisse parler ta sœur,
   tu parleras *après*.
– Mais non, c'est lui
   qui passe *avant*.

### ☐ précédés d'une quantité de temps

– trois heures AVANT          – quelques secondes APRÈS

### ☐ suivis de...

---

... un moment

AVANT   **8 h du matin**          APRÈS   **6 h du soir**
       **le mois de mars**                **Pâques**

---

... un substantif

      AVANT **le spectacle**     APRÈS **le déjeuner**

---

... un infinitif

– *APRÈS* avoir tant réclamé le téléphone, il a fini par y renoncer.

---

... QUE + phrase
(à l'écrit, essentiellement)

AVANT QUE → Subjonctif
APRÈS QUE → Indicatif (passé antérieur)

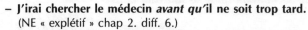

– **J'irai chercher le médecin *avant qu'*il ne soit trop tard.**
   (NE « explétif » chap 2. diff. 6.)
– **Des années *après qu'*il l'eut quittée, il éprouva quelques remords.**

---

## 5. TEMPS ET MODES

### ☐ Simultanéité :

QUAND       ⎱   2 temps du présent, du futur ou du passé
PENDANT QUE ⎰   (Voir aussi chap. 9, diff. 7.)

– *Pendant que* tu te prépares, je sors la voiture.
– Il est passé *quand* tu n'étais pas là.

## ☐ Postériorité :

DEPUIS QUE – 2 temps identiques du présent ou du passé
ou bien : plus-que-parfait/imparfait
passé composé/présent
– *Depuis qu'*elle connaît cet acteur, elle ne fait plus attention à moi.
– *Depuis qu'*elle avait connu ..., elle ne faisait plus...
– *Depuis qu'*elle a connu..., elle ne fait plus...

DÈS QUE – 2 temps identiques du présent, du futur, du passé
UNE FOIS QUE ou bien : futur antérieur / futur simple
passé antérieur / passé simple
– *Dès que* j'aurai mon billet, je partirai.
– *Dès que* tu auras pris une décision, tu m'appelleras.
– *Une fois qu'*il eut terminé son discours, il descendit de l'estrade.

## ☐ Antériorité :

AVANT QUE
JUSQU'À CE QUE – suivis d'un fait éventuel, toujours au subjonctif
EN ATTENDANT QUE
– **Tu devrais répéter ton rôle *jusqu'à ce que* tu le saches par cœur.**
(Voir aussi chap. 12, diff. 8.)

## 6. METTRE DU TEMPS...

Ce verbe peut exprimer la quantité de temps nécessaire pour la réalisation d'une action.
Il peut être conjugué à tous les temps.

| | | | | |
|---|---|---|---|---|
| **Mettre** | + | quantité de temps en jours, heures, ... DU TEMPS, LONGTEMPS, ... | + | pour + infinitif avant de + inf. |

– **On met *combien de temps* pour aller de Paris à Perpignan?**
– **Lui, il a mis *8 heures*.**
– **Il a mis *quelque temps* avant de retrouver son assurance.**

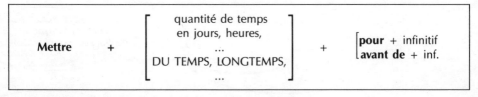

TU EN AS MIS DU TEMPS!

# 9. Comment exprimer les rapports temporels

## FORMES ET FONCTIONNEMENT GÉNÉRAL

Les temps des verbes s'organisent toujours par rapport au moment où l'on parle, moment « 0 » qui représente le *présent* et sépare le *passé* du *futur*.

| PASSÉ | « 0 » | FUTUR |
|---|---|---|
| Passé composé | | Futur |
| Imparfait | | Futur antérieur |
| Plus-que-parfait | PRÉSENT | |
| ... | | |

Ce schéma situe tous les temps de l'indicatif. Il nous servira de base pour les étudier, les uns par rapport aux autres\*.

## Dans le passé

☐ **Passé composé - Imparfait**

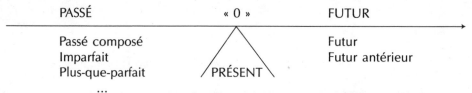

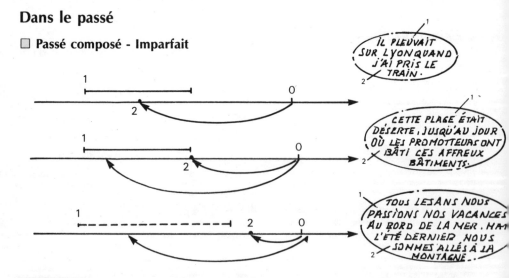

IL PLEUVAIT SUR LYON QUAND J'AI PRIS LE TRAIN.

CETTE PLAGE ÉTAIT DÉSERTE, JUSQU'AU JOUR OÙ LES PROMOTTEURS ONT BÂTI CES AFFREUX BÂTIMENTS.

TOUS LES ANS NOUS PASSIONS NOS VACANCES AU BORD DE LA MER. MAIS L'ÉTÉ DERNIER NOUS SOMMES ALLÉS À LA MONTAGNE...

---

\* L'emploi du subjonctif est étudié dans le chapitre 3 – L'obligation – et dans le chapitre 12 – Les rapports logiques –. La diff. 6 du chapitre 12 présente un tableau récapitulatif des emplois de l'indicatif et du subjonctif.

Nous ne présenterons pas ici les problèmes des conjugaisons, cette grammaire se voulant essentiellement d'usage. Pour les conjugaisons, voir dans la même collection : *Apprendre à conjuguer*.

☐ **Passé composé - Imparfait - Plus-que-parfait**

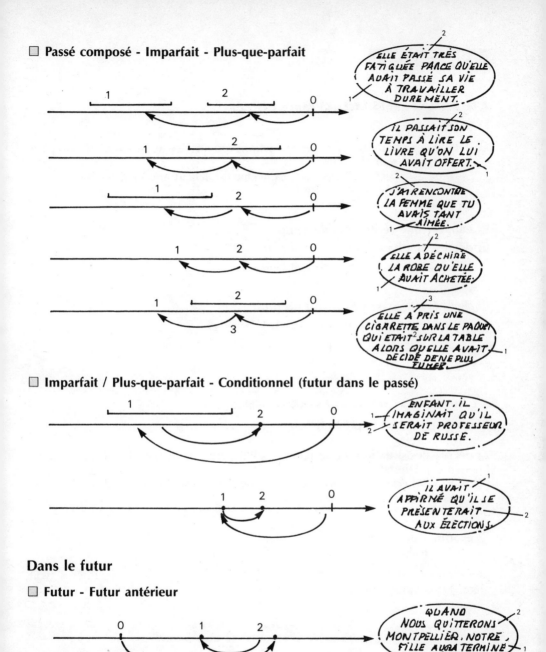

☐ **Imparfait / Plus-que-parfait - Conditionnel (futur dans le passé)**

## Dans le futur

☐ **Futur - Futur antérieur**

1   2   3   représentent l'ordre dans le temps, allant du passé vers le futur;
1 est antérieur à 2, 2 à 3.

## 1. LE PRÉSENT ET SES VALEURS PARTICULIÈRES

Le présent peut :

☐ **décrire des situations, énoncer des actions qui ont lieu au moment où l'on parle**
- **Entrez, ils *sont* chez eux.**
- **Il *est* assis à côté du directeur. Sa femme *est* debout près de la fenêtre.**
- **Les enfants *jouent* dans la cour.**
- **Simone *lit* dans le salon.**

☐ **énoncer une vérité hors du temps**
☐ **décrire une habitude**
- **Les employés *sortent* à dix-huit heures.**

☐ **signifier un passé proche ou un futur**
- **Nous vous *attendons* demain pour le déjeuner.**

## 2. L'IMPARFAIT ET SES VALEURS PARTICULIÈRES

L'imparfait, comme le présent, peut

☐ **décrire des situations et désigner des habitudes, mais dans le passé.** (Cf. fonctionnement général.)
- **Le soleil *éclairait* la maison qu'on *distinguait* en haut de la colline.**
- **Tous les matins il *sifflait* en se rasant.**

☐ **exprimer un souhait**
- **Si je n'*avais* pas peur de prendre l'avion !**

Cette valeur fait qu'on emploie l'imparfait pour exprimer des hypothèses (voir chap. 12, la Supposition).

## 3. LE CONDITIONNEL ET SES VALEURS PARTICULIÈRES

Le conditionnel représente

☐ **un futur dans le passé** (cf. fonctionnement général.)
- **Enfant, il imaginait qu'il *serait* professeur de russe.**
- **Il avait affirmé qu'il se *présenterait* aux élections.**

Le conditionnel peut aussi

☐ **atténuer une affirmation**
  – Je *voudrais* une baguette.
  – Je vous *serais* reconnaissant de bien vouloir...

☐ **désigner une projection vers le futur**

Cette valeur fait qu'on emploie le conditionnel pour exprimer une situation irréelle à partir d'une hypothèse (voir chap. 12, la Supposition).

## 4. FUTUR PROCHE - PASSÉ RÉCENT

• Le verbe ALLER et le verbe VENIR, conjugués et suivis d'un verbe à l'infinitif (ALLER + infinitif, VENIR + de + infinitif), expriment un futur et un passé très proches du présent.

  – **Attends un peu, je *vais* partir avec toi.**
  – **Mes parents *viennent* de faire un voyage en Grèce.**

• Plus proche encore du présent, la construction du futur proche : ÊTRE sur le point de ...

\* Ces constructions, qu'on appelle « futur proche » et « passé récent », peuvent aussi se situer au passé (les verbes ALLER et VENIR se conjuguent alors à l'imparfait) et expriment une proximité par rapport à une autre action passée.

  – **Ils *venaient de se coucher* quand nous avons sonné.**

## 5. LE PASSÉ SIMPLE ET LE PASSÉ ANTÉRIEUR

• Le passé simple désigne des actions passées et ponctuelles. En français contemporain il ne s'emploie qu'à l'écrit.

– « Emma, prête à défaillir de terreur, *avança* cependant, et un homme *sortit* du tonneau... » (G. Flaubert, *Madame Bovary)*

A l'oral, cette valeur est exprimée par le passé composé (voir fonctionnement général).

• Le passé antérieur désigne une action passée, antérieure à une autre action passée. En français contemporain il ne s'emploie qu'à l'écrit, généralement introduit par *quand* ou *une fois que.*

– Quand ils *eurent terminé* leur partie de cartes, ils passèrent à table.

A l'oral, dans certaines régions, cette valeur est exprimée par le passé surcomposé :

– Il est parti dès qu'il *« a eu dîné ».*

## 6. AUXILIAIRES ÊTRE - AVOIR

Les temps composés (passé composé, plus-que-parfait, futur antérieur, conditionnel passé...) se conjuguent à l'aide d'un verbe auxiliaire : AVOIR ou ÊTRE.
• Le verbe ÊTRE sert d'auxiliaire aux verbes dont l'objet de l'action est aussi le sujet de l'action.
C'est le cas :

☐ ... des verbes « pronominaux » (SE LAVER, S'ASSEOIR, SE...)

☐ **... des verbes NAÎTRE, APPARAÎTRE et MOURIR**

☐ **... des verbes signifiant des déplacements**
ALLER / PASSER / VENIR
ENTRER / SORTIR / RETOURNER
ARRIVER / RESTER / PARTIR
MONTER / DESCENDRE / TOMBER

et leurs composés (revenir, devenir, rentrer, repartir, retomber, etc.).

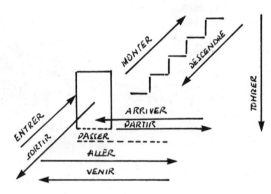

• Le verbe AVOIR sert d'auxiliaire aux verbes dont l'objet de l'action est différent du sujet.

C'est-à-dire :

☐ **... toux ceux qui ne se conjuguent pas avec ÊTRE**

☐ **... et, pour les verbes qui se conjuguent avec ÊTRE, quand un objet différent du sujet apparaît (excepté les verbes « pronominaux » qui se conjuguent toujours avec ÊTRE).**

## 7. ACCORD DU PARTICIPE PASSÉ

• Avec l'auxiliaire AVOIR

☐ **... le participe passé reste invariable**
- J'*ai appelé* Suzanne.

☐ **... le participe passé s'accorde avec l'objet quand celui-ci est énoncé avant le verbe**
- **Tu m'avais offert une montre. Je l'*ai revendue*.**
- → **J'*ai revendu* la montre que tu m'avais offerte.**

▲    Attention ! **Il y avait des éléphants. J'en ai *vu*.**

Avec l'auxiliaire ÊTRE

☐ **... le participe passé s'accorde toujours avec le sujet / objet (c'est la même personne qui agit et subit) énoncé généralement avant le verbe.**
- **Jacqueline *s'est levée* très tard, ce matin.**
- **Jeanne d'Arc *est morte* en 1431.**
- **Les enfants *sont montés* au grenier.**
- Mais... **Elle *s'est lavé* les mains.**

IL S'EST LAVÉ LES MAINS CE MATIN.

## 8. EXPRESSION DE LA SIMULTANÉITÉ

☐ **ÊTRE en train de + infinitif**
- **Je *suis en train* de lire un livre passionnant.**
- **Il *était en train* de boire un café, lorsque je suis entré.**

... peut s'employer aussi sans le verbe ÊTRE
- **Je l'ai surpris en train de voler les bijoux.**

☐ **Gérondif (en + participe présent)**
... s'applique toujours au sujet du verbe conjugué
- **L'enfant a traversé la place *en courant*.**
- **J'ai découvert la fuite d'eau *en entrant* dans la salle de bains.**

☐ **Tout en + participe présent**
... variante du gérondif, ajoute l'idée de difficulté à réaliser deux actions simultanément
- **L'inspecteur surveillait le gangster *tout en lisant* son journal.**
- **Le ministre a donné son accord *tout en faisant* des réserves.**

## ☐ Participe présent

employé seul

... a une valeur de qualifiant
- **Nous avons perdu l'enveloppe *contenant* votre bulletin de paye.**

... apporte une vision momentanée dans un récit
- **Il était là, *brandissant* son pistolet, lorsque la police est arrivée.**

## 9. FORME ACTIVE - FORME PASSIVE - NOMINALISATION

La forme active met au premier plan le sujet de l'action
[sujet + verbe conjugué (+ objet)]

La forme passive permet de mettre au premier plan l'objet de l'action
[objet + verbe ÊTRE conjugué + participe passé du verbe (+ par + sujet)]

... et permet aussi de ne pas désigner le sujet

La nominalisation efface complètement le sujet.

| | |
|---|---|
| forme active | – **On *a* encore *enlevé* un enfant.** |
| forme passive | – **Un enfant *a* encore *été enlevé*.** |
| nominalisation | – **Encore *un enlèvement* d'enfant.** |

| | |
|---|---|
| forme passive | – **Une succursale de la Société Générale *a été cambriolée*.** |
| nominalisation | – ***Cambriolage* d'une succursale de la Société Générale.** |

# 10. Comment éviter des répétitions

## MOTS DE REMPLACEMENT

### FORMES ET FONCTIONNEMENT GÉNÉRAL

☐ **Les pronoms personnels représentent les personnes qui se parlent**

|  | SUJETS | COMPLÉMENTS | SEULS OU APRÈS PRÉPOSITION |
|---|---|---|---|
| la personne qui parle | **JE** | **ME**<br>**M'** | **MOI** |
| la personne à qui on parle | **TU**<br>**VOUS** | **TE, T'**<br>**VOUS** | **TOI**<br>**VOUS** |
| JE + d'autres | **NOUS**<br>**ON** | **NOUS**<br>**SE, S'** | **NOUS** |
| JE parle à d'autres | **VOUS** | **VOUS** | **VOUS** |

ils se connaissent très bien

ils ne se connaissent pas encore

## ☐ Les pronoms personnels remplacent ...

... des personnes

| SUJETS | COMPLÉMENTS 1er | 2e | SEULS OU APRÈS PRÉPOSITION |
|---|---|---|---|
| IL | LE, L' | LUI | LUI |
| ELLE | LA, L' | | ELLE |
| ILS | LES | LEUR | EUX |
| ELLES | | | ELLES |
| ON | SE | SE | SOI |

... des objets ou autres

| SUJETS | COMPLÉMENTS | (CONSTRUCTIONS AVEC « DE », « À ») |
|---|---|---|
| IL | LE, L' | |
| ELLE | LA, L' | |
| ILS | LES | EN, Y |
| ELLES | | |
| | EN | |

Exemples de remplacement :

**SUJET**

| Pierre | sort de la douche.
↳ *Il* sort de la douche.
| Les bottes | sont dans le placard.
↳ *Elles* sont dans le placard.

**APRÈS PRÉPOSITION**

Ces fleurs sont pour | M. et Mme Rivière. |
↳ Ces fleurs sont pour *eux*.

**COMPLÉMENTS**

**un complément (construction directe)**

J'envoie les | gendarmes | aujourd'hui même.
↳ Je *les* envoie aujourd'hui même.
J'ai vu | les bottes rouges de Superman. |
↳ Je *les* ai vues.

**Deux compléments**

Grand-mère a offert son vieux dictionnaire à
| Jean-Pierre. |
On substitue « à Jean-Pierre ».
↳ Grand-mère *lui a offert* son vieux dictionnaire.
On substitue « son vieux dictionnaire ».
↳ Grand-mère *l'a offert* à Jean-Pierre.
On substitue « son vieux dictionnaire » et
« à Jean-Pierre ».
↳ Sa grand-mère *le lui a* offert.

**(construction indirecte avec « à »)**

Je parle | à Francine et Marie. |
↳ Je *leur* parle.

**(CONSTRUCTION AVEC « DES », « DE » OU « À »)**

Il parle | de la cérémonie | sans arrêt.
↳ Il *en* parle sans arrêt.
Il m'a donné | un de ses disques. |
↳ Il m'*en* a donné *un*.
Il fallait joindre une photo
| à cette lettre. |
↳ Il fallait *y* joindre une photo.

## DIFFICULTÉS

### 1. ON

ON se conjugue toujours à la 3ᵉ personne du singulier, mais il peut désigner différentes personnes :

ON = NOUS
 – *On* est venu vous voir mais vous n'étiez pas là.

ON = ILS
 – En France, *on* parle français. (Les Français = ils.)

ON = QUELQU'UN

ON FRAPPÉ À LA PORTE.

## 2. « IL » IMPERSONNEL

Parfois le pronom « IL » ne remplace rien. (Un verbe en français, sauf à l'impératif, ne peut pas être sans sujet.)
 – *Il pleut.*

(Voir aussi CE., ch. 5, p. 36.)

## 3. SE et SOI

Dans la phrase :
 – **D'habitude Michèle s'habillait d'abord, puis elle se coiffait.**

Michèle  
elle  
se  
s'  
} représentent la même personne.

SE s'emploie avec des verbes comme : se raser, se laver, s'asseoir...

SOI s'emploie quand apparaissent des expressions indéterminées ou de générali-sation : on, quelqu'un, chacun, il faut, il est nécessaire ...
 – *On* est bien chez *soi.*
 – *Chacun* pour *soi.*

## 4. LE, LA LES ou LUI, LEUR?

☐ **Construction avec 2 compléments**

LE, LA, LES  remplacent des objets ou autres.

LUI, LEUR  remplacent des personnes (construction avec « à »).

      ┌──── **On a payé le voyage à Frédéric.**
      └──→ **On *le lui* a payé.**

☐ **Constructions avec un complément**

LE, LA, LES  remplacent des personnes, des objets ou autres
           (construction directe)

LUI, LEUR  remplacent des personnes
           (construction indirecte avec « à »)

**J'appelle** *mes cousins.*
└→ **Je** *les* **appelle.**

| Je chasse | *la souris.*
└→ **Je** *la* **chasse.**

| Il avait téléphoné à Michèle |
le jour même.
└→ **Il** *lui* **avait téléphoné le jour même.**

71

Pour éviter des confusions :

Les constructions indirectes avec un seul complément ne sont pas nombreuses.

On peut les classer en trois types de verbes qui se construisent avec « à » :
– établir une communication :
    **parler - mentir - répondre - téléphoner - sourire** _____→ **« à quelqu'un »**
– marquer une relation d'autorité :
    **céder - obéir - pardonner** _____→ **« à quelqu'un »**
– et certains autres verbes :
    **convenir - aller (au sens de convenir) - réussir - suffire - revenir - arriver - ressembler -**
    **manquer - échapper** _____→ **« à quelqu'un »**
(Ces constructions peuvent parfois se combiner avec le pronom EN.)


## 5. LE, LA, LES ou EN?

LE, LA, LES   remplacent personnes, objets ou autres (voir ci-dessus) déterminés,
              précédés d'un déterminant défini, possessif ou démonstratif.

EN        remplace personnes, objets ou autres
              non déterminés, précédés d'un déterminant indéfini ou partitif.

Aux questions
    **Tu as vu *les bottes rouges de Superman*?**
    **Tu as vu *des loups*, toi?**

                       correspondent les réponses

    **Oui, je *les* ai vues.**
    **Oui, j'*en ai* déjà vu.**


EN peut être complété par une précision de quantité.

quantité précisée.                    quantité non précisée.

## 6. APRÈS LES PRÉSENTATIFS

C'EST
CE SONT    suivis de pronoms seuls (3e colonne, p. 68)

    – **C'est *toi*.**
    – **Ce sont *eux*.**

72

VOICI
VOILÀ precédés de pronoms compléments (2e colonne, p. 68)

> **Voilà ton pantalon.**
> **Voilà de la menthe.**
> *Le* **voilà.**
> *En* **voilà.**

## 7. RENFORCEMENT

Pour insister sur l'identité ou l'importance
→ pronom sujet + pronom seul

Après une comparaison ou en phrase raccourcie

→ pronom seul
  - *Elle* **est plus grande que** *toi.*
  - **Qui n'est pas d'accord?** – *Moi!*
  - *Lui,* **ici!**

## 8. AVEC L'IMPÉRATIF

A l'impératif, les formes verbales n'ont pas de sujet, mais elles peuvent avoir des compléments :
  - **Viens!**
  - **Ouvre la porte!**

• Pour les compléments ...

... de 1re et 2e personnes ⇒ formes des pronoms seuls (3e colonne, p. (68).
  - **Réponds-***moi!*

... de 3e personne ⇒ LE, LA, LES ou LUI, LEUR.

> **Ouvre** *cette* **porte.**
> **Ouvre-***la!*

• A la forme négative, le pronom apparaît avant le verbe :

pour toutes les personnes ⇒ formes des pronoms compléments
  - **Ne** *me* **réponds pas!**
  - **Ne** *l'***ouvre pas!**

73

## 9. ORDRE D'UTILISATION

Quand il y a plusieurs pronoms avant le verbe, voici l'ordre à respecter :

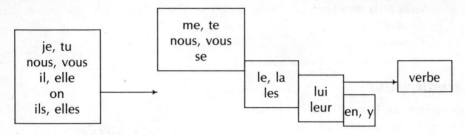

- **Je *vous les* envoie aujourd'hui même.**
- **Je *t'en* donne une.**
- **Le président ne voulait pas abandonner ses perroquets. Il *les lui* a confiés.**
- **Je vais *le lui* dire.**
- **Ne *me les* donne pas maintenant !**

Quand il y a plusieurs pronoms après le verbe à l'impératif affirmatif :

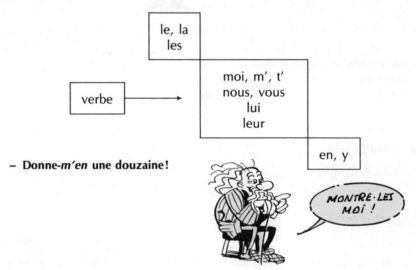

- **Donne-*m'en* une douzaine !**

## 10. INVERSION

Les pronoms sujets changent de place...

... à la forme interrogative
- **Voulez-*vous* danser avec moi ?**
- **André prend-*il* le métro tous les jours ?**
                      (exemples rares à l'oral)

... dans une incise
- **« Merci », dit-*il*.**

## 11. AUTRES PRONOMS

### ☐ Quelqu'un / Quelque chose

Pour des personnes : QUELQU'UN, QUELQUES-UNS, QUELQUES-UNES
- *Quelqu'un* t'a téléphoné ce matin.

Pour les objets ou autres : QUELQUE CHOSE
- Il y a *quelque chose* qui ne va pas?

Pour la forme négative : QUELQU'UN / PERSONNE
                         QUELQUE CHOSE / RIEN
- *Quelqu'un* a frappé? – *Mais non! Personne n'a frappé!*
- Tu as entendu *quelque chose?* – *Non, rien!*
(Voir chap. 2, p. 9.)

### ☐ Chacun - l'un, l'autre - tous

Pour exprimer la singularité, l'opposition ou la répartition :
CHACUN, CHACUNE
L'UN, L'UNE, L'AUTRE, LES UNS, LES UNES, LES AUTRES
- *L'une* chante et *l'autre* pas.
- *Chacun* aura droit à sa part.
- *Les uns* refusent, *les autres* sont d'accord.

Pour exprimer une totalité d'éléments dénombrables (valeur de pluriel)
TOUS, TOUTES et variantes : TOUS LES DEUX, TOUTES LES TROIS...
- Nous sommes *tous* concernés.
- Appelle-les *toutes!*
- Je les ai reconnus *tous les deux.*

### ☐ Tout

Pour exprimer une totalité d'éléments non dénombrables (valeur de singulier)
- *Tout* s'arrange avec le temps.
- Je veux *tout* savoir.

ou la totalité de personnes : TOUT LE MONDE
- *Tout le monde* se précipitait.

Il existe des formes de TOUT en tant qu'adverbe.
(Tout près, tout haut, il est tout content, ils sont tout contents) ou en tant qu'adjectifs, au sing. ou pluriel masculin ou féminin (Je les ai toutes lues).

### ☐ Démonstratifs

CE, CELA (voir chap. 5, p. 36).
CELUI, CELLE, CEUX, CELLES (voir chap. 7, p. 50; 11, p. 79).

### ☐ Possessifs

LE MIEN, LE TIEN, LE SIEN, LE NÔTRE, LE VÔTRE, LE LEUR
LA MIENNE, LA TIENNE, LA SIENNE, LA NÔTRE, LA VÔTRE, LA LEUR
LES MIENS, LES TIENS, LES SIENS, LES NÔTRES, LES VÔTRES, LES LEURS
LES MIENNES, LES TIENNES, LES SIENNES (voir chap. 4, p. 29).

### ☐ Relatifs - Interrogatifs

QUI, QUE, OÙ... (voir chap. 1, p. 4 et chap. 11, p. 78).

# 11. Comment éviter des répétitions

## MOTS DE REMPLACEMENT ET DE LIAISON
### (Pronoms relatifs)

## FORMES ET FONCTIONNEMENT GÉNÉRAL

Les pronoms relatifs permettent de :
- ☐ **lier des phrases différentes**
- ☐ **éviter la répétition d'un substantif**

|  | INVARIABLES | VARIABLES |
|---|---|---|
| Pour les personnes | **QUI**<br><br>**QUE** | **LEQUEL**<br>**(laquelle,**<br>**lesquels,**<br>**lesquelles)** |
| Pour les objets ou autres | **DONT** | **avec « à »**<br>**AUQUEL**<br>**(auquelle,**<br>**auxquels,**<br>**auxquelles)** |
|  |  | **avec « de »**<br>**↓**<br>**DUQUEL**<br>**(de laquelle,**<br>**desquels,**<br>**desquelles)** |
|  | **OÙ**<br>**QUOI** |  |

76

Le choix entre les formes des pronoms relatifs dépend de la construction des phrases qu'on enchaîne.

Quand l'élément commun est une personne

Elle a rencontré *l'homme...*

Elle a rencontré un homme

| | |
|---|---|
| *Cet homme* lui avait _____ volé ses bijoux | **QUI lui avait volé ses bijoux** |
| Son amie lui avait _____ présenté *cet homme* | **QUE son amie lui avait présenté** |
| Elle avait perdu la _____ trace *de cet homme* | **DONT elle avait perdu la trace** |
| Elle était sortie _____ *avec cet homme* | **AVEC LEQUEL elle était sortie** |

Quand l'élément commun est un objet, un lieu ou autre

Tu as pris *les livres...*

Tu as pris des livres

| | |
|---|---|
| *Ces livres* étaient _____ sur la table | **QUI étaient sur la table** |
| J'avais laissé *ces livres* sur la table | **QUE j'avais laissés sur la table** |
| Je t'avais parlé *de* _____ *ces livres* | **DONT je t'avais parlé** |
| J'avais mis une dédi- _____ cace *sur ces livres* | **SUR LESQUELS j'avais mis une dédicace** |
| Je tenais beaucoup _____ à *ces livres* | **AUXQUELS je tenais beaucoup** |

**Je suis revenu dans** *une ville*

**Je suis né dans** *cette ville*

*JE SUIS REVENU DANS LA VILLE OÙ JE SUIS NÉ.*

**Il faut que vous** *utilisiez des clous*

*Sans utiliser des clous* **vous ne pourrez pas fixer cette planche.**

**Il faut que vous utilisiez des clous SANS QUOI vous ne pourrez pas fixer cette planche.**

## DIFFICULTÉS

### 1. QUI ou QUE?

QUI et QUE remplacent des personnes, des objets ou autres.

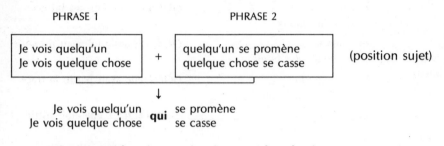

PHRASE 1

PHRASE 2

Je vois quelqu'un
Je vois quelque chose

+

quelqu'un se promène
quelque chose se casse

(position sujet)

↓

Je vois quelqu'un
Je vois quelque chose **qui** se promène
se casse

- **J'ai rencontré le peintre *qui* avait exposé l'an dernier.**
- **Ne perdez pas cette montre *qui* m'a été offerte par une amie.**

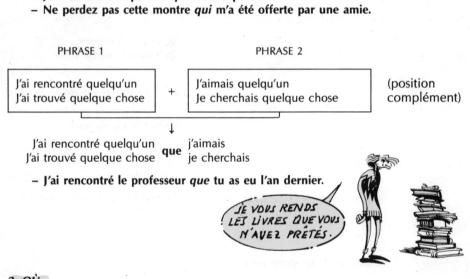

PHRASE 1

PHRASE 2

J'ai rencontré quelqu'un
J'ai trouvé quelque chose

+

J'aimais quelqu'un
Je cherchais quelque chose

(position complément)

↓

J'ai rencontré quelqu'un
J'ai trouvé quelque chose **que** j'aimais
je cherchais

- **J'ai rencontré le professeur *que* tu as eu l'an dernier.**

JE VOUS RENDS LES LIVRES QUE VOUS N'AVEZ PRÊTÉS.

### 2. OÙ

Localisation { dans le temps
dans l'espace (peut se combiner avec LÀ)
- **Voici la maison *où* est née ma grand-mère.**
- **Tu n'as pas de chance, il est venu nous voir le jour *où* tu étais absente.**

Quand la localisation est très précise on préfère employer une construction avec préposition suivie de :

LEQUEL, LAQUELLE, LESQUELS, LESQUELLES
- **La table *sur laquelle* j'ai posé des fleurs...**

### 3. QUOI

QUOI s'emploie toujours précédé d'une préposition.
(ici, QUOI rappelle une action : « utiliser des clous »)

IL FAUT QUE VOUS UTILISIEZ DES CLOUS, SANS QUOI VOUS NE POURREZ PAS...

FIXER CETTE PLANCHE.

### 4. PHRASE RELATIVE QUALIFIANTE

Ce vieux roman
> **qui** n'avait pas d'intrigue
> **que** j'avais acheté autrefois
> **dont** l'histoire était inintéressante
> policier
> d'aventures...

ne m'a pas plu

- **Cette bague, *qu'*Yvonne a achetée, me plaît beaucoup.**
- **Ce professeur, *que* tu as eu l'an dernier, habite Cannes maintenant.**

### 5. QUI APRÈS PRÉPOSITION

Quand LEQUEL, LAQUELLE, LESQUELS, LESQUELLES, représentent des personnes, on peut aussi employer QUI.
- **J'ai rencontré les amis *chez qui* vous étiez l'autre jour.**
- **La jeune fille *avec qui* vous jouez au tennis.**

Après la négation NE ... PERSONNE :
- **Je ne connais personne à *qui* je pourrais demander ce service.**

De la même manière :
- **Il y a un espoir *auquel* je peux m'accrocher en ce moment.**
- **Il n'y a rien à *quoi* je puisse m'accrocher en ce moment.**

### 6. DÉMONSTRATIF + RELATIF

CE
CELUI
CELLE      + pronom relatif
CEUX
CELLES

- **Il est majeur maintenant, il fait *ce qu'*il veut.**
- **Prends *ce dont* tu as besoin.**
- **Je plains *celui qui* lui succèdera à ce poste.**
- **Ce soir tu connaîtras *celle avec qui* je vais me marier.**

Pour rappeler le contenu de toute une phrase :
  - Après *ce qui* s'est passé, je ne veux plus le voir.
  - Je l'ai trouvé très sûr de lui,
    ... *ce qui* m'a surpris.
    ... *ce que* je ne m'explique pas.
    ... *ce dont* je ne me serais pas douté.

## 7. QUE + VERBE ÊTRE

Construction qui annonce une qualité.
(Elle existe aussi avec les verbes rester, devenir...)
  - Il est *ce qu'*il a toujours été : un imbécile.
  - Je reste le grand timide *que* j'ai toujours été.

## 8. « QUI » SEUL

Emploi rare (proverbes)
  - *Qui* vole un œuf vole un bœuf.

## 9. « LEQUEL » SEUL

Quand il peut y avoir une confusion sur l'élément rappelé par le pronom relatif, LEQUEL, LAQUELLE, LESQUELS, LESQUELLES rappellent toujours le dernier substantif.
  - Il a été convoqué chez le directeur, *lequel* s'était absenté ce soir-là.
  - La trajectoire du satellite, *lequel* est parti à 6 h, s'effectue normalement.

# 12. Comment exprimer les rapports logiques

## CAUSE – CONSÉQUENCE – INTENTION – OPPOSITION – SUPPOSITION

### FORMES ET FONCTIONNEMENT GÉNÉRAL

Les rapports logiques sont marqués – à l'intérieur d'une même phrase, ou généralement entre deux phrase liées – par des formes grammaticales spécifiques.
Dans les tableaux suivants, sont présentés les principaux moyens de liaison logique.

☐ **Cause – conséquence**

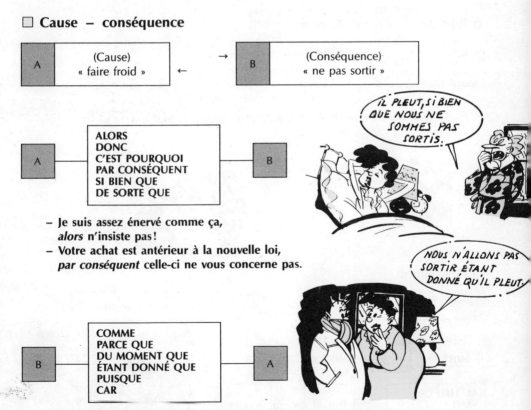

| A | (Cause)<br>« faire froid » | ← | → | B | (Conséquence)<br>« ne pas sortir » |

| A | ALORS<br>DONC<br>C'EST POURQUOI<br>PAR CONSÉQUENT<br>SI BIEN QUE<br>DE SORTE QUE | B |

- Je suis assez énervé comme ça,
  *alors* n'insiste pas!
- Votre achat est antérieur à la nouvelle loi,
  *par conséquent* celle-ci ne vous concerne pas.

*IL PLEUT, SI BIEN QUE NOUS NE SOMMES PAS SORTIS.*

*NOUS N'ALLONS PAS SORTIR ÉTANT DONNÉ QU'IL PLEUT.*

| B | COMME<br>PARCE QUE<br>DU MOMENT QUE<br>ÉTANT DONNÉ QUE<br>PUISQUE<br>CAR | A |

- *Puisque* je suis si mauvais conducteur, prends *donc* le volant!
- Il a pris sa retraite par anticipation, *parce qu*'il était menacé de licenciement.
- *Comme* c'était le candidat le plus compétent, il a été embauché.

## ☐ Intention (finalité, but)

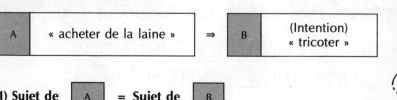

| A | « acheter de la laine » | ⇒ | B | (Intention) « tricoter » |

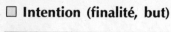

*ELLE EST ALLÉE ACHETER DE LA LAINE POUR TRICOTER.*

**1) Sujet de** [A] **= Sujet de** [B]

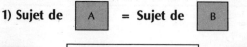

| A | POUR AFIN DE EN VUE DE | B |

(à l'infinitif)

- J'ai déjà fait tous les achats *pour* partir en vacances.
- Elle avait tout préparé *afin de* le séduire.

**2) Sujet de** [A] **≠ Sujet de** [B]

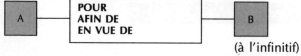

| A | POUR QUE AFIN QUE | B |

(au subjonctif)

- Je serai à mon bureau dès 8 h du matin, *pour que* tout soit en ordre.

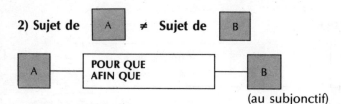

*IL ACHÈTE DE LA LAINE POUR QU'ELLE TRICOTE*

## ☐ Opposition

| A | « aller au cinéma » | ⇔ | B | « rester à la maison » |

**1) Sujet de** [A] **= Sujet de** [B]

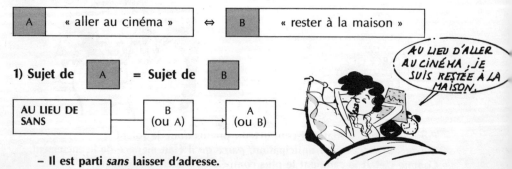

*AU LIEU D'ALLER AU CINÉMA, JE SUIS RESTÉE À LA MAISON.*

| AU LIEU DE SANS | B (ou A) | A (ou B) |

- Il est parti *sans* laisser d'adresse.

82

**2) Sujet de** A **≠ Sujet de** B

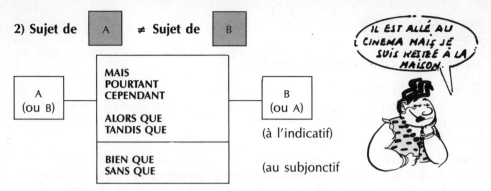

| A (ou B) | MAIS POURTANT CEPENDANT<br><br>ALORS QUE TANDIS QUE | B (ou A)<br><br>(à l'indicatif) |
|---|---|---|
| | BIEN QUE SANS QUE | (au subjonctif |

– Je suis restée à la maison *bien qu'*il m'ait invité à aller au cinéma.
– Il est resté, *alors que* je lui avais conseillé de s'en aller.

☐ **Supposition (condition, hypothèse)**

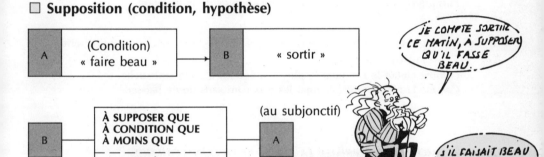

| A | (Condition) « faire beau » | → | B | « sortir » |
|---|---|---|---|---|

| B | À SUPPOSER QUE À CONDITION QUE À MOINS QUE | (au subjonctif) |
|---|---|---|
| | AU CAS OÙ | A (au conditionnel) |

– Je vous sers du café? *A moins que* vous ne préféreriez du thé?
– Je laisse la clé sous le paillasson, *au cas où* tu rentrerais avant moi.
– Je te prête la voiture *à condition que* tu la rentres au garage à ton retour.

Ou bien :

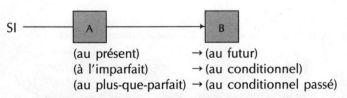

| SI | A | → | B |
|---|---|---|---|
| | (au présent) | → | (au futur) |
| | (à l'imparfait) | → | (au conditionnel) |
| | (au plus-que-parfait) | → | (au conditionnel passé) |

– *S'*il *pleut* dimanche, j'en profite*rai* pour travailler.
– Si j'*avais* davantage de volonté, je ne regarde*rais* plus la télé.
– Si j'*avais compris* plus tôt, je ne me *serais* pas *mêlé* de cette affaire.

## DIFFICULTÉS

### 1. CAR / PARCE QUE / PUISQUE / COMME

☐ CAR – moyen de coordination explicatif, introduit souvent une justification.
- **Je ne sais pas comment l'accident s'est produit, *car* je suis arrivé sur les lieux trop tard.**
- **Je préfère le laisser faire à son idée *car* en ce moment il est de très mauvaise humeur.**

☐ PARCE QUE – réponse à la question POURQUOI, introduit une explication.
- **Il a pris sa retraite par anticipation, *parce qu'*il était menacé de licenciement.**
- **Le gouvernement a démissionné *parce qu'*il était en conflit avec le Parlement.**

☐ PUISQUE – introduit une explication, présentée comme une évidence; en début de phrase, peut préparer une décision.
- **Il n'est pas parti, *puisque* sa voiture est au garage.**
- ***Puisque* je suis si mauvais conducteur, prends donc le volant.**

☐ COMME – généralement situé en début de phrase, annonce en conséquence un fait ou une action
- ***Comme* c'était le candidat le plus compétent, il a été embauché.**
- ***Comme* la récolte a été bonne, les prix vont sans doute baisser.**

### 2. AUTRES MOYENS D'EXPRIMER LA CAUSE ET LA CONSÉQUENCE

☐ SI
TANT          + substantif ou adjectif + QUE ...
TELLEMENT
- **Il était *si* laid *qu'*il faisait peur.**
- **Jeanne a *tellement* insisté pour le voir *qu'*il a fini par accepter.**
- **Il y avait *tant* de vent *que* leurs chapeaux s'envolaient.**

☐ À CAUSE DE
GRÂCE À          + substantif
- **Sa candidature a été retenue *grâce à* l'intervention de son cousin.**
- **Les randonneurs ne se sont pas mis en route *à cause du* mauvais temps.**

84

## 3. ALORS / OR

☐ ALORS – exprime diverses choses :

- la surprise
  - – Ça *alors !* Je ne pensais pas te rencontrer ici.

- créer le contact
  - – *Alors,* tu as réussi ?
  - – *Alors,* tu ne m'as pas téléphoné hier soir !

- souligner une autre possibilité (OU ALORS)
  - – Il n'a rien compris, *ou alors* il fait celui qui ne comprend pas.

- la conséquence ou la déduction.
  - – Je suis assez énervé comme ça, *alors* n'insiste pas !
  - – Il n'est pas venu ce matin : *alors* il doit être encore malade.

- un rapport temporel
  - – Il connaissait *alors* une période de relative prospérité.

☐ OR – étape d'un raisonnement, prépare une conclusion.
  - – Il avait dit qu'il m'appellerait en cas de besoin. *Or* il ne l'a pas fait : j'en conclus que tout s'est bien passé.

## 4. AUTRES MOYENS D'EXPRIMER L'OPPOSITION

☐ TOUT DE MÊME ⎞ équivalents de POURTANT, situés après le verbe ou entre
   QUAND MÊME ⎠ l'auxiliaire et le participe.
  - – Il avait *tout de même* remporté quelques succès.
  - – Il pleuvait, mais il est sorti *quand même*.

En français oral, on emploie beaucoup QUAND MÊME, avec sa valeur d'opposition, ou simplement pour suggérer un implicite.

MERCI, QUAND MÊME.

☐ CONTRE ⎞
   MALGRÉ ⎬ toujours suivis de substantifs ou pronoms
   EN DÉPIT DE ⎠
  - – *Malgré* son insistance, il n'a obtenu aucune garantie.
  - – Elle est venue *contre* son gré, c'est lui qui avait tout organisé.
  - – Il a fermé les fenêtres *en dépit de* la chaleur étouffante.

☐ AVOIR BEAU + INFINITIF – construction qui exprime l'inutilité d'un effort.
  - – Il *a eu beau* prendre des leçons particulières, il n'a jamais bien travaillé.
  - – Il *aura beau* s'entraîner, il ne deviendra jamais un champion.

## 5. AUTRES MOYENS D'EXPRIMER LA CONDITION

À CONDITION DE + infinitif
EN CAS DE + substantif

> – **Tu pourras venir à la fête, *à condition d'*apporter quelques disques.**
> – *En cas de* **panne, prévenez le concierge.**

## 6. CONSTRUCTIONS POUR EXPRIMER L'OPINION

Tableau récapitulatif (voir aussi « le désir » et « la peur », chap. 3, p. 17).

|  | + Infinitif | + Phrase à l'indicatif | + Phrase au subjonctif |
|---|---|---|---|
| perception | ENTENDRE<br>VOIR<br>SENTIR | VOIR QUE<br>SENTIR QUE | |
| opinion<br>certitude | CROIRE<br>PENSER<br>SAVOIR | CROIRE QUE<br>PENSER QUE<br>SAVOIR QUE<br>ÊTRE SÛR QUE | |
| espoir | ESPÉRER<br>COMPTER | ESPÉRER QUE<br>COMPTER QUE | |
| souhait | VOULOIR<br>AIMER<br>SOUHAITER<br>PRÉFÉRER | | VOULOIR QUE<br>AIMER QUE<br>SOUHAITER QUE<br>PRÉFÉRER QUE |
| regret | REGRETTER DE | | REGRETTER QUE |
| doute | NE PAS PENSER<br>NE PAS CROIRE | | NE PAS PENSER QUE<br>NE PAS CROIRE QUE<br>NE PAS ÊTRE SÛR QUE |
| crainte | AVOIR PEUR DE<br>CRAINDRE DE | | AVOIR PEUR QUE<br>CRAINDRE QUE |

> – Je *sais que* le tabac fait du mal.
> – Je *pense qu'*on peut lui faire confiance.
> – Je *suis sûr qu'*il ne nous trompera pas.
> – Je *préfère* le laisser faire à sa tête.
> – Je *vois que* tu es toujours aussi étourdi.
> – Je *compte* rentrer d'ici deux heures.
> – J'*espère que* tu comprendras.
> – On *a* tous *regretté que* tu ne sois pas venu.

JE NE CROIS PAS
QU'IL PUISSE
SOULEVER CETTE
PLANCHE.

### 7. POUR RACONTER OU RAPPORTER

Les verbes présentés dans le tableau introduisent *le discours indirect* (= raconter ou rapporter ce qui a été dit ou fait).

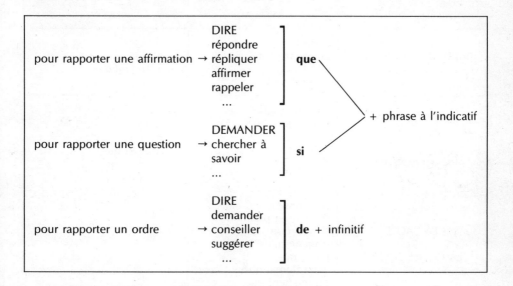

> **– On lui *a demandé s'*il acceptait la proposition, et comme il *a répondu qu'*elle lui semblait absurde, on lui *a suggéré de* quitter la salle.**

(Voir aussi chapitres 7 et 8, de la page 51 à la page 53 l'expression du temps et du lieu dans le discours indirect.)

### 8. CONCORDANCE DES TEMPS

Les temps employés dans le discours indirect dépendent du temps du verbe introducteur :

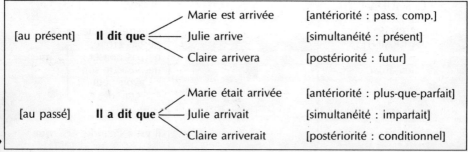

L'indicatif représente des faits réels ou probablement réalisables. Le subjonctif représente une éventualité. Quelques exemples de constructions :

| EXPRESSION DE : | + INDICATIF | + SUBJONCTIF |
|---|---|---|
| RAPPORTS TEMPORELS (cf. LE TEMPS) | quand, lorsque, au moment où, pendant que, une fois que, | avant que, en attendant que |
| L'OPPOSITION | alors que, tandis que, | bien que, sans que |
| LA SUPPOSITION | si, au cas où, | à supposer que, à condition que, à moins que |
| LA CAUSE ET LA CONSÉQUENCE | par conséquent, alors, donc, c'est pourquoi, si bien que, puisque, d'autant (plus) que, parce que, étant donné que, du moment que, | |
| L'OPINION ET LA PERCEPTION | voir, sentir, savoir, croire, penser, être sûr, espérer, compter, ] **que** | |
| L'INTENTION | | pour que, afin que |
| L'OBLIGATION (cf. L'OBLIG.) | | il faut que, il est nécessaire, urgent, indispensable ] **que** |
| LE SOUHAIT, LE DOUTE LE REGRET, LA CRAINTE (cf. aussi L'OBLIG.) | | vouloir, aimer, ] souhaiter préférer, **que** désirer, ] regretter, douter, ] ne pas croire, ne pas penser, **que** ne pas être sûr, avoir peur craindre, ] il est à craindre **que** |

## 10. CONSTRUCTIONS AVEC INFINITIF

La construction avec l'infinitif intervient généralement quand les actions ont le même sujet.
- **Je compte** *rentrer* **d'ici deux heures.**
- **Il préfère** *avancer* **avec prudence.**

JE VEUX ÉCRIRE À MON PÈRE.

▲ Mais :

Avec certains verbes de perception, et aussi avec *laisser* et *faire,* l'infinitif a un sujet propre.

Ce sujet peut se situer :

• après l'infinitif.
- **Le ministre s'effaça pour laisser** *passer* **le Président.**

• Avant l'infinitif, si celui-ci a un complément.
- **J'ai vu le cambrioleur** *sauter* **par la fenêtre.**
- **Christiane sentait ses pieds** *se refroidir* **peu à peu.**
- **L'ordonnance avait vu le général** *faire tomber* **son képi.**

Parfois le sujet n'est pas indiqué.
- **Nathalie avait vu avec horreur** *gifler* **un tout petit garçon.**

## ▲ 11. CONSTRUCTIONS AVEC PARTICIPE

Construction propre à l'écrit, le participe a un sujet propre (participe présent).
- **Les circonstances** *étant* **favorables, ils décidèrent d'ouvrir un commerce.**
- **Le dernier membre de sa famille** *étant mort,* **Félicie vécut repliée sur elle-même.**

Après UNE FOIS... la construction avec participe marque la postériorité (participe passé).
- **Une fois la maison** *vendue,* **on ne l'a plus revu dans le quartier.**
- **Une fois l'hiver** *passé,* **les loups ne descendent plus dans la vallée.**

Dans une énumération, le dernier terme est précédé de ET ou OU.
  – **Papa, maman, le chien *et* moi...**

☐ Les prépositions *DE* et *À* doivent être répétées dans les énumérations :
  – **Un soleil *d'*hiver *ou de* printemps...**
  – **Il avait perdu beaucoup *de* temps *et d'*argent.**
  – **Il apprend *à* danser *et à* jouer au tennis.**

☐ Les autres prépositions peuvent être répétées ou non.
  – **Il avait tout fait *pour* être là et *(pour)* participer à la fête.**

☐ Le mot de liaison QUE doit être répété; il peut aussi reprendre *quand, comme, de sorte que,* et *si.*
  – **Il savait *que* je l'attendais et *que* j'étais impatient de le voir.**
  – **Je voudrais *que* tu m'écrives et *que* tu me donnes de tes nouvelles.**
  – ***Comme* c'est un garçon habile et *qu'*il sait ce qu'il veut...**
  – **... *de sorte qu'*il sortit plus tard ce soir-là et *qu'*il ne rencontra ...**
  – **Si je suis enroué *et que* je deviens aphone ...**

# Index grammatical

# Index des difficultés

# Table des matières

N° d'Éditeur : CL 44960 - II (D.o.VII) TC — Dépôt légal : mai 1988
Imprimé en France par Pollina, 85400 Luçon - n° 10247